정의

..세상이 정의로워지면
우리는 행복해질까?

정의

: 세상이 정의로워지면
우리는 행복해질까?

최진기 지음

최진기의 인문 마이크로북 1

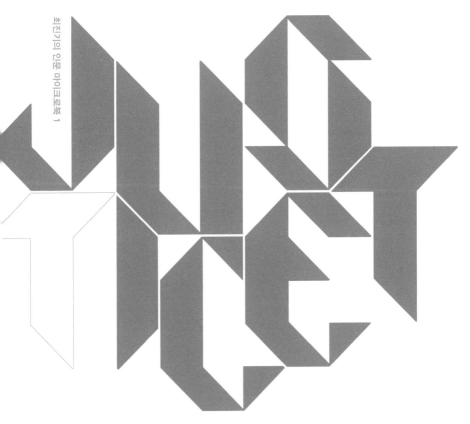

세상이 정의로워지면
우리는 행복해질까?

우리가 꿈꾸는 사회는 무엇일까요? 각자 차이는 있겠지만 공통적으로 정의로운 세상, 정의로운 사회를 바랄 것입니다. 그런데 정의로운 세상이 되면 우리는 행복해질까요? 정의로운 세상이 답이 아닐 수도 있다는 말이 아닙니다. 누구나 정의로운 세상을 꿈꾸지만 정의로운 세상이 정말 행복할 것인가에 대해서 다 같이 생각해보자는 겁니다. 그래서 먼저 '정의'라는 말에 대해서 근원적인 질문을 던져보겠습니다.

정의란 무엇인가?

2011년 우리나라에서 가장 많이 팔린 책 제목이기도 합니다. 『정의란 무엇인가』, 저는 이 책을 통해서 여러분과 앞으로 우리가 꿈꾸어야 할 정의는 어떤 모습일지에 대해서 같이 이야기해보려 합니다.

먼저 질문을 하나 해볼게요. '정의로운 가족'을 꿈꿔보셨습니까? 가훈 중에 '화목한 가족'은 많은데 '정의로운 가족'은 잘 없지 않나요? 어떤 가정을 꾸리고 싶은지 물었을 때, 정의로운 가정을 꾸리고 싶다는 대답은 잘 하지 않습니다. 그런데 우리는 정의로운 사회를 꿈꾸고 있습니다. 하지만 왜 정의로운 가족은 꿈꾸지 않을까요?

이유는 간단합니다. 가족과 사회의 차이점이 뭘까요? 카를 마르크스는 재화를 필요에 따라 분배하자고 했습니다. 필요한 사람이 재화를 갖는 것이 정의롭다는 거죠. 그런데 이게 이루어질 수 있는 곳이 하나 있습니다. 바로 가족입니다.

아빠, 엄마, 큰아들, 작은아들, 막내딸로 구성된 가족이 있다고 생각해봅시다. 막내딸이 아파요. 그럼 누가 약을 먹습니까? 능력 있는 사람이 먹습니까, 필요한 사람이 먹습니까? 필요한 사람, 막내딸이 아프니까 막내딸이 먹죠. 이게 가족입니다. 가족은 정의를 꿈꾸지 않습니다. 다섯 명 중에서 누가 나가서 일을 합니까? 아빠죠. 아빠가 능력이 있으니까 일을 하는 겁니다. 가족이라는 건 이미 철저하게 능력에 따라 일하고, 필요에 따라 분배하는 집단입니다. 그래서 가족은 이미 정의가 필요 없는 곳입니다. 정의라는 담론이 주제가 될 수 없는 공간입니다.

이처럼 가족을 기준으로 생각해보면, 정의가 실현되는 이성적인 사회라는 것은, 어쩌면 더 이상 정의라는 담론이 필요 없는 사회일 것입니다. 능력에 따라 일하고 필요에 따라 나누는 사회가 가장 좋은 사회 아니겠습니까? 하지만 가족이 아니면 쉽지 않죠. 그래서 우리는 마르크스를 몽상가라고 부릅니다. 이런 사회가 어떻게 가능하냐며 비현실적이라고 치부합니다. 사회에서는 이루어지기 어렵겠지만 최소한 가족 안에서는 이루어지고 있습니다. 이게 이루어지지 않는 가족은 정말 불행한 가족이죠. 막내딸이 아픈데 큰오빠가 "이 다음에는 내가 아플지도 몰라. 이 약을 동생에게 줄 수 없어!"라고 하는 가족이라면, "아버지가 몹시 돈이 필요하구나. 너희들이 능력 있으면 일해라" 아동노동착취의 선구자가 아버지라면? 말이 안 되죠? 이런 가족이 아예 없다고는 못하겠지만 이런 가족을 우리가 정상적인 가족이라고 생각하지는 않습니다.

세상이 정의로워지면
우리는 행복해질까?

그래서 결국 정의라는 건 분배의 문제, '어떻게 나눌 것인가'의 문제입니다. 가장 궁극적이고 아름다운 분배는 당연히 필요에 따른 분배입니다. 하지만 그게 현실에서는 불가능하기 때문에 문제가 되는 거죠. 가정과 같은 분배가 사회에서 이루어지기는 어려울 겁니다. 그래서 생각해보자는 거죠. 사회에서 어떻게 분배가 이루어지는 것이 가장 정의로울지를.

정의는 결국 분배의 문제라고 했습니다. 그러면 분배의 문제는 언제 발생할까요? 원숭이 사회를 바라보면 답이 나옵니다. 엄마, 아빠, 할아버지, 할머니 원숭이가 있습니다. 아빠 원숭이가 바나나를 여섯 개 따오면 원숭이 가족도 분배를 제대로 합니다. 먼저 아빠 원숭이가 바나나 두 개를 먹습니다. 힘이 가장 세니까. 그리고 엄마 원숭이, 할아버지 원숭이, 할머니 원숭이에게 하나씩 주고 나머지 하나는 저장합니다. 이렇게 아무 문제 없이 분배가 이루어집니다.

그런데 유명한 실험이 있죠. 사람들이 갑자기 원숭이에게 바나나 상자를 나눠주는 겁니다. 그러면 원숭이 사회는 어떻게 될까요? 문제없이 분배가 이루어지던 공동체가 바로 파탄이 납니다. 아빠 원숭이가 바로 엄마 원숭이 멱살을 잡아요. 기존 법칙에서 벗어나는 게 등장했기 때문에. 그래서 역사적으로 분배가 가장 중시되던 시대는 바로 생산능력이 비약적으로 발전하는 시기입니다. 이 시기에는 분배의 문제가 화두로 떠오르고, 그 결과는 반드시 전쟁으로 이어집니다. 가장 대표적인 예가 철기시대입니다. 인류의 생산력이 처음 고도로 발전했던 시기가 철기시대죠. 수많은 전쟁과 정복으로 어지러웠던 춘추전국시대가 바로 철기시대입니다. 그리고 산업혁명으로 생산량이 획기적으로 늘어났던 시대, 이런 시대에 분배를 둘러싼 정의론이 시대의 화두가 됩니다. 그래서 정의론이 시대의 화두가 됐다는 것은 그 시대의 생산력이 이전에 비해 비약적으로 발전했다는 것과 같다고 보시면 됩니다.

한국 사회도 몇 년 전부터 정의가 화두가 되고 있잖아요? 이 말은 한국 사회 내부에 이전까지와는 다른 근본적이고 물질적인 변화가 있다는 겁니다. 비단 한국뿐만이 아니라 세계적으로도 마찬가지입니다. 전 세계적으로 뜨거운 화두는 정의입니다. 물론 한국은 사회가 정의롭지 못하기 때문에 그에 대한 반작용으로 언급되는 측면도 있습니다. 하지만 그것만이 정의의 문제를 중요하게 만든 것은 아닙니다. 지금은 더 이상 생산이 문제인 사회가 아닙니다. 분배가 문제인 사회입니다. 그래서 저는 여러분과 분배의 문제를 가지고 정의에 대해서 이야기하려고 합니다.

이 책의 기본은 마이클 샌델의 『정의란 무엇인가』에 있습니다. 먼저 『정의란 무엇인가』에 나오는 네 가지 철학을 설명드릴 겁니다. 공리주의와 칸트, 아리스토텔레스와 존 롤스의 철학을 이해해야 샌델의 공동체주의가 보입니다. 축을 이루는 철학과 철학가들을 살펴보면서 샌델이 어떻게 인용을 했는지, 그리고 일반적인 견해와 샌델의 견해가 어떻게 다른지에 대해서 알아보겠습니다.

제가 앞으로 말씀드리려는 것은 누가 맞고 틀렸다, 샌델이 잘했다, 못했다가 아닙니다. 샌델을 통해서 '정의'라는 화두를 접하고, 우리가 모두 꿈꾸는 정의로운 세상은 어떤 모습일지에 대해서 생각해보고 구체적으로 그려볼 수 있다면 좋겠습니다.

2015년 겨울
최진기

본격적인 시작에 앞서 질문을 하나 던지고 가겠습니다.

피아노가 있습니다. 이 피아노를 누구에게 주어야 할까요?

1. 경매에 부치자.

2. 다수결로 결정하자.

3. 세상 모든 사람들을 피아노 연주로 기쁘게 해줄 대중 연주가

4. 돌아가시기 직전 마지막으로 자식이 들려주는 피아노 연주를
   듣는 게 소원이라는 엄마의 자식

5. 선천적 장애를 딛고 피아노 연주에 몰입하고 있는 소년

6. 세상에서 가장 피아노를 잘 치는 피아니스트

본문으로 들어가기 전에 먼저 나라면 어떻게 할지 생각해보시기
바랍니다. 그리고 책을 읽으시다 보면 각각의 의견에 대해서 새
로운 견해가 생길 수 있습니다.

세상이 정의로워지면
우리는 행복해질까?

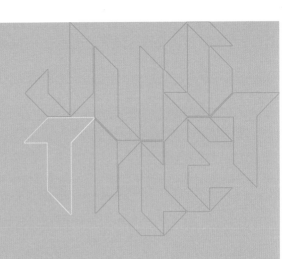

1장

공리주의란
무엇인가

공리주의 미리 보기

최대 다수의 최대 행복

사회적 쾌락 > 개인적 쾌락

양적 공리주의

"사회적 쾌락의 총합이 더 큰 것을
선택하는 것이 올바른 행동이다."

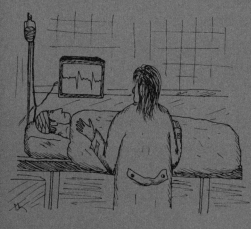

뇌사 환자의
안락사 문제

벤담은 과연 찬성할까?

쾌락에는 질적 차이가 존재

질적 공리주의

"인간은 인격의 존엄을 바탕으로
한 쾌락을 추구해야 한다."

배부른 돼지 vs 배고픈 소크라테스

밀은 누구를 선택할 것인가?

최대 다수의
최대 행복,
공리주의
utilitarianism, 功利主義

공리주의자 하면 기본적으로 두 명의 철학자를 생각할 수 있습니다.
제일 먼저 떠오르는 사람이 제러미 벤담이고, 그다음으로 존 스튜어
트 밀입니다. 먼저 벤담부터 알아보도록 하겠습니다.

벤담이 한 유명한 말이 있습니다. 들어보시면 다 '아' 하실 겁니

인물 탐구

제러미 벤담
Jeremy Bentham

1748~1832, 영국 런던 출생
철학자, 법학자, 변호사

주요 저서
『정치론 단편』(1766), 『도덕 및 입법의 원리
서설』(1789), 『법률론 일반』(1792)

존 스튜어트 밀
John Stuart Mill

1806~1873, 영국 런던 출생
철학자, 정치경제학자

주요 저서
『자유론』(1859), 『공리주의』(1861), 『여성의
종속』(1869)

다. 힌트를 드릴까요? '최대 ○○의 최대 □□', 빈칸에 어떤 말이 들어
가면 되겠습니까? 다수와 행복입니다. '최대 다수의 최대 행복.' 다들
들어보셨죠? 이 유명한 말의 뜻은 뒤에서 알아보기로 하고, 먼저 벤
담에 대해서 이야기하겠습니다.

벤담은 상당히 재미있는 사람입니다. 벤담이 살았던 18세기에는
철학을 직업으로 삼는 사람은 없었습니다. 정치나 학문 활동, 사회 활
동을 하면서 철학을 겸했습니다. 벤담도 마찬가지였습니다. 벤담은 굉
장히 부유했던 사람입니다.

벤담이 어떤 사람인지 본격적으로 알아보기 전에 벤담이 태어난
시기에 주목할 필요가 있습니다. 그는 1748년에 태어났습니다. 칸트
가 1724년에 태어났고 애덤 스미스가 1723년에 태어났으니 이 두 사

람보다 20년 뒤에 태어났습니다.

그런데 1789년에 프랑스 혁명이 터집니다. 1760년대에는 영국에서 산업혁명이 일어나죠? 그러니까 18세기 후반이 바로 근대가 시작되던 시기입니다. 그 기간을 애덤 스미스와 칸트는 40~50대에 겪게 되는 겁니다. 애덤 스미스와 칸트는 인생의 절정기인 40~50대에 가장 혁명적인 시대 변화를 온몸으로 느꼈던 셈입니다. 그리고 이런 변화를 겪으면서 시대적 고민을 애덤 스미스는 경제학적으로 풀어냈고, 칸트는 철학적으로 풀어냈다고 할 수 있습니다.

그런데 벤담은 1748년에 태어났으니까 어떻게 보면 그가 아주 어렸을 때 산업혁명이 터진 겁니다. 그리고 자라면서 본격적으로 영국이 산업화되는 시기를 겪게 됩니다. 사실 애덤 스미스는 영국 자본주

인물 탐구

애덤 스미스
Adam Smith

1723~1790, 스코틀랜드 출생
정치경제학자, 윤리철학자
고전경제학의 대표적인 이론가로 '경제학의 아버지'라고 불린다. 자본주의와 자유무역에 대한 이론적 기초를 제공했다.

주요 저서
『도덕감정론』(1759), 『국부론』(1776)

프랑스 혁명

1789년 7월 14일부터 1794년 7월 28일까지 프랑스에서 일어난 자유주의 혁명이다. 자본가 계급이 부상하고, 미국의 독립전쟁을 계기로 자유의식이 높아진 가운데 인구의 98퍼센트를 차지하던 평민의 불만이 흉작으로 인해 더욱 가중되면서 1789년에 도시민과 농민들이 일으킨 봉기. 사태는 폭력적으로 전개되었으며, 마리-앙투아네트 왕비가 국가 재정 위기의 원인으로 몰려 사형에 처해지기도 했다.
프랑스 혁명은 유럽과 세계사에서 정치권력이 왕족과 귀족에서 자본가 계급으로 옮겨가는 전환점이 되었다.

파리 바스티유 감옥을 습격하는 혁명군

의의 모순을 느끼기는 어려웠습니다. 자본주의가 막 등장하는 시기였으니 모순이 보이겠습니까? 자본주의가 성숙해야지 그 모순이 드러나지 않겠습니까? 당연히 애덤 스미스는 특권을 가진 귀족 세력을 대체

최대 다수의 최대 행복,
공리주의

산업혁명

18세기 중반부터 영국에서 시작된 기술의 혁신과 사회적·경제적 변혁을
말한다. 당시 영국의 농촌에서는 모직물 공업이 발달했으며, 풍부한 지하
자원과 노동력을 보유하고 있었다. 또 해외 식민지를 통해 자본과 시장을
확보하고 있었는데, 18세기에 이르면서 국내외적으로 면직물의 수요가 급
증하고, 와트의 증기기관을 개량하면서 대량 생산이 이루어지기 시작했다.
이후 면직물 공업이 산업혁명을 주도했으며 수많은 기계의 발전이 이루어
지면서 기계가 산업의 중추적 역할을 하게 된다.
산업혁명으로 귀족과 지주의 지배 체제가 무너지고 신흥 부르주아 계급이
정치적·경제적 주요 세력으로 부상한다. 또 공업화로 농촌 인구가 도시로
몰리면서 도시 인구가 폭발적으로 증가했다. 이로 인해 각종 사회 문제와
위생 문제가 야기되기도 했으며, 기계의 주요 동력원인 석탄으로 인해 환
경 오염 문제가 발생했다.

제임스 와트가 발명한 증기기관

하는, 매우 진보적인 부르주아의 입장이 될 수밖에 없었습니다. 그런

데 벤담의 경우는 자본주의의 모순이 나타나기 시작했지만, 그럼에도

자본주의가 계속 발전하던 시대에 살았기 때문에 자본주의의 양면을

다 볼 수 있었습니다.

이 이야기는 잠시 뒤에 본격적으로 하기로 하고, 어쨌든 벤담이 살았던 시기가 대략 이렇다는 정도만 언급하겠습니다. 벤담이 굉장히 부자였는데, 죽을 때가 가까워지자 아주 재미있는 유언을 합니다. 자기를 박제해달라는 것입니다. 그래서 어떤 일이 벌어질까요?

실제로 런던 칼리지 대학에 가면 박제된 벤담의 모습을 볼 수 있습니다. 전 재산을 대학의 발전을 위해 내놓는 조건으로 매년 이사회와 학술회가 열릴 때 사람들이 자신의 모습을 볼 수 있도록 이사회

런던 칼리지 대학에 전시된
박제된 벤담의 모습

최대 다수의 최대 행복,
공리주의

실, 학술회실에 자기를 박제해서 놓아달라고 한 겁니다. 유언이 엽기적이죠? 사진에 머리 보이죠? 방부 처리가 제대로 안 돼서 머리가 썩은 겁니다. 그래서 머리는 새로 만들었지만 몸은 진짜 벤담의 몸입니다. 정말 독특한 사람이었던 것 같습니다.

이제 본격적으로 벤담의 이야기를 하겠습니다. 벤담과 밀을 무슨 주의자라고 합니까? 공리주의자라고 하는데, 공리주의는 무엇일까요? 공리주의는 쉽게 말하면 쾌락주의입니다. 전통적으로 서양 철학에는 키레네학파, 에피쿠로스학파 같은 쾌락주의 철학이 있습니다. 그리고 근대 철학자 중에 본격적인 쾌락주의자가 바로 벤담입니다.

쾌락주의는 기본적으로 인간을 어떻게 분석할까요? 벤담의 저서에 "모든 인간은 쾌락과 고통이라는 두 군주의 지배하에 놓여 있다"라는 구절이 나옵니다. 즉 인간의 삶은 쾌락 아니면 고통이라는 겁니다. 가만히 생각해보면 맞는 말 아닙니까? 우리가 인생을 사는 목적이 뭡니까? 더 많은 쾌락을 누리기 위해 사는 것 아닙니까? 누구도 이 점을 부인하기 어려울 것입니다. 고3 수험생에게 묻습니다.

"너 왜 이렇게 열심히 공부하니?"
"대학 가서 더 많은 쾌락을 느끼려고요."

이렇게 대답하면,

"야, 대학 가서 왜 그렇게 많은 쾌락을 느껴? 안 돼! 열심히 공부해야지"라고 말할 수도 있어요.

그런데 이럴 수 있겠습니까?

"너 왜 이렇게 열심히 공부하니?"

"좋은 대학에 다니는 쾌락을 느끼려고요. 그래서 예쁜 여자도 만나고 돈도 잘 버는 쾌락을 느끼려고요."

이렇게 말해도 부정하기 쉽지 않죠? 바로 이것이 공리주의의 기본적인 논리입니다. 이 때문에 공리주의를 쾌락주의라고 보는 겁니다.

사람들이 자살하는 이유도 뭐겠습니까? 너무 고통스러우니까 자살하는 겁니다. 어떻게 보면 공리주의를 완벽하게 설명할 수 있는 거죠? 다른 쾌락을 취하고 싶어도 대안이 없으니까 죽음을 택하는 겁니다. 죽으면 쾌락도 없지만 고통도 없죠. 현재는 마이너스 쾌락의 상태라고 느끼는 것입니다. 그래서 죽으면 쾌락이 플러스는 되지 않겠지만 적어도 제로는 될 거라고 생각합니다. 나는 마이너스를 선택하기보다 제로를 선택하겠다는 겁니다. 공리주의자에게는 합리적 선택이 될 수 있습니다. 그러니까 공리주의 입장에서는 자살을 허용할 수 있습니다.

그런데 중세 신학자가 봤을 때는 어이가 없죠. 그만큼 당시의 공리주의는 굉장히 진보적인 생각이었습니다. 중세 신학자들은 자살하면 천당에 못 간다고 하겠죠? 자살을 가장 큰 죄라고 하지 않습니까? 이런 중세 신학의 논리를 한 방에 무너뜨릴 수 있습니다. 쾌락주의의 놀라운 힘이 나오는 거예요.

그런데 공리주의가 왜 중요할까요? 고대 그리스, 헬레니즘 시대에도 쾌락주의가 있었습니다. 키레네학파, 에피쿠로스학파가 있었어요. 고대 쾌락주의와 공리주의 모두 많은 쾌락을 주는 행동이 좋은 행동이라고 봅니다. 공리주의 이전의 쾌락은 개인에게 많은 쾌락을 주는 것이 올바른 행위라고 보았습니다. 그런데 공리주의는 개인적 쾌락보다 더 중요한 것이 사회적 쾌락이라고 말하는 겁니다.

사회적 쾌락을 중시하는 철학은 애덤 스미스 이전의 도덕 철학자 데이비드 흄에 의해서도 나옵니다. 흄이 제일 처음 쓴 책이 『도덕감정론』이고, 애덤 스미스의 첫 책의 제목도 『도덕감정론』입니다. 애덤 스미스는 흄의 영향을 받았습니다. 데이비드 흄은 영국 경험론에서 사회적 쾌락을 중시합니다.

공리주의가 이전의 쾌락주의와 다른 것은 개인적 쾌락보다 사회

데이비드 흄
David Hume

1711~1776, 스코틀랜드 출생
철학자, 경제학자, 역사학자

주요 저서
『인성론−오성편』(1739), 『인성론−감정편』
(1739), 『인성론−도덕편』(1740), 『인간 오성
에 관한 철학논집』(1748)

적 쾌락을 더 우선시한다는 점입니다. 예를 들어보겠습니다. 휴지가
있습니다. 제가 차를 운전하고 가다가 코를 풀었습니다. 그러면 쓰레
기가 되죠. 그리고 그걸 밖으로 휙 버렸습니다. 예전의 쾌락주의자들
은 뭐라고 하겠습니까? 찬성하죠? 쓰레기를 가지고 있다가 버리면 저
는 쾌락이 늘고 고통이 줄어들었기 때문입니다. 그런데 벤담이 보면
잘못한 일입니다. 왜 그럴까요? 저의 쾌락은 늘었지만 다른 사람들은
불쾌해졌잖아요? 그러니까 제가 코 푼 휴지를 밖으로 던진 것은 잘못
된 일이 됩니다. 유쾌와 불쾌를 합쳐보니까 불쾌가 더 많기 때문이죠.
쾌락과 고통을 합쳐보면 고통이 더 많습니다. 그래서 공리주의는 제
가 창밖으로 휴지를 버린 것을 나쁜 행위라고 규정합니다.

공리주의에서 말하는 '공리'란 무엇일까요? 가급적 많은 사람에

최대 다수의 최대 행복,
공리주의

게 가급적 많은 쾌락을 주는 것이 올바른 행위라는 겁니다. 이게 벤담의 정의입니다. 그래서 나온 말이 '최대 다수의 최대 행복'입니다. 더 많은 사람이 쾌락을 얻을 수 있는 행동이 올바른 행동이라는 거죠.

공리주의를 영어로 'utilitarianism'이라 하고, 한자로 '功利'라고 씁니다. 물론 이 공리는 사회적 이익입니다. 반대는 뭐가 되겠습니까? 私利(사리)죠. 그런데 공리주의자는 사리를 무시하는 것은 아닙니다. 공리주의자는 공리와 사리의 조화를 추구합니다. 공리주의는 이렇게 번역을 했습니다. 功利. 일본 사람들이 번역을 한 건데 굉장히 잘했다고 생각합니다. 公利와 뜻이 확 달라집니다. 力(힘 력)과 工(일 공)을 써서 일하는 사람의 이익을 대변해주는 거죠. 당시 일하는 사람이 누굽니까? 노동자 아니죠? 산업혁명은 누구와 누가 싸운 겁니까? 시민혁명은 누구와 누가 싸웠습니까? 귀족과 부르주아 노동자가 손잡은 겁니다. 일하는 사람, 부르주아 노동자입니다. 그러니까 가급적 많은 수의 땀 흘려 일하는 사람의 이익을 대변하는 게 공리주의입니다. 자본가의 편도 들지만 노동자 편도 드는 겁니다. 그래서 공리주의자는 자유주의자로부터는 사회주의자라고 욕먹고, 사회주의자한테는 자유주의자라는 비난을 받았습니다. 공리주의에 대한 평가도 말씀드리겠습니다.

앞에서 말했듯이 공리주의에서 말하는 '공리'의 한자는 '功利'입니다. 힘들여 일하는 자의 이익을 대변합니다. 당시 힘들여 일하던 자는 누구겠습니까? 열심히 일하는 사람들, 중소기업 사장님, 열심히 일하시잖아요. 노동자들도 당연히 열심히 일합니다. 지주 계급은 일합니까? 안 하죠. 이렇게 공리주의자는 일하는 사람들을 대변하는 겁니다.

다시 예시로 돌아가서 제가 쓰레기를 옆 사람에게 버립니다. 저는 쾌락이 늘었습니다. 그런데 이 쓰레기를 버려서 불쾌해지는 사람은 여러 명이 아니라 제 옆에 있는 한 사람뿐입니다. 한 명만 불쾌해졌습니다. 그럼 이 행동은 좋은 행동일까요, 나쁜 행동일까요?

이 문제를 벤담은 어떻게 해결하겠습니까? 벤담은 공리주의자 중에서도 양적 공리주의자로 불립니다. '양적'은 수치화할 수 있다는 뜻입니다. 다시 말해 벤담은 쾌락을 수치화할 수 있다고 주장합니다. 수치화는 어떻게 하면 되겠습니까?

제가 쓰레기를 버렸을 때 얻을 수 있는 쾌락이 10인데, 그로 인해 옆 사람이 느낀 고통이 7이라면 버려도 된다는 겁니다. 이게 양적 공리주의입니다. 그래서 벤담은 제자들과 숫자로 표를 만들었습니다.

예를 들어 예쁜 여자와 키스했을 때 느끼는 쾌락은 370, 내가 너의 옆에 있을 때 느끼는 불쾌는 230, 내가 너와 헤어졌을 때 얻는 고통은 680, 이런 식으로 수치로 나타내는 겁니다. 벤담은 정말 재미있는 사람입니다.

그런데 벤담은 이러한 수치화가 반드시 필요하다고 생각했습니다. 그렇게 해야 객관성을 얻을 수 있기 때문입니다. 당시 서양에서는 산업혁명이 일어나면서 어떤 사고가 강조됩니까? 합리주의죠. 합리주의가 강화되는 시기입니다. 딱 떨어져야지 합리적이라 할 수 있습니다. 모든 학문 중에서 가장 딱 떨어지는 건 수학이죠? 아리스토텔레스는 철학자인 동시에 수학자였습니다. 뉴턴은 자연과학자인 동시에 수학자였죠? 라이프니츠 역시 철학자이면서 미분 개념을 만든 수학자입니다. 대부분의 철학자들이 수학을 했습니다. 그래서 벤담은 쾌락의 정도를 수치화할 수 있다고 생각했죠. 이 수치를 기준으로 가급적 많은 사람에게 더 많은 쾌락을 주는 행동이 바로 올바른 행동이라는 겁니다.

공리주의자는 안락사를 찬성할 확률이 굉장히 높습니다. 살 가망이 없거나 식물인간을 안락사시켰다고 하면, 그 사람의 쾌락과 고통은 어떻게 변하겠습니까? 아무 변화도 없겠죠. 식물인간은 고통과 쾌락을 느끼지 못하니까요. 반면에 그 환자가 안락사할 경우 주변 사람들의 쾌락과 고통은 어떻게 변하겠습니까? 물론 슬픔이 클 겁니다. 벤담이 무조건 안락사를 찬성한다는 건 아닙니다. 많은 사람들이 그를 간절히 사랑해서 언제 깨어날지 모르지만 지켜보는 것이 더 행복하다고 생각한다면 안락사는 나쁜 선택이 됩니다. 하지만 그렇지 않을 경우에는 안락사는 좋은 선택이 됩니다. 당사자도 원하고, 가족들도 그 상황을 고통스럽게 생각한다면, 그리고 환자의 고통을 덜어주는 게 환자를 위한 길이라고 판단한다면 안락사에 찬성하게 될 것입니다. 사회적 쾌락의 총합이 더 크기 때문입니다.

결국 벤담이 말하는 것은 사회적 쾌락의 총합을 증진시키는 쪽을 선택하는 것이 올바른 행동이라는 겁니다. 중요한 건 결과라고 할 수 있습니다. 이런 점에서 애덤 스미스와 일맥상통합니다. 애덤 스미스는 인간의 이기적인 행동이 좋을 수도 있다고 했습니다. 자본가는 돈을 벌려고 합니다. 즉 사리를 추구합니다. 그런데 이게 나쁘지 않을 수 있다는 겁니다. 돈을 벌기 위해서는 시장 경쟁에 뛰어들어야 합니다. 시장에서 경쟁하여 이기기 위해서는 열심히 노력해야 합니다. 그러면 좋은 제품을 만들게 됩니다. 그 결과 국가의 부가 증가하게 된다는 것입니다. 그래서 애덤 스미스는 시장을 사랑했습니다. 정확하게는 시장 자체를 좋아한 것이 아니라 시장이라는 메커니즘이 개인의 이기적인 행동을 국부로 전환시켜줄 수 있다고 생각했습니다.

궁극적으로 애덤 스미스가 중시한 것은 무엇이겠습니까? 인간의 이기적인 행위가 좋다는 것이 아닙니다. 부르주아가 합리적이어서 좋다는 것이 아닙니다. 착각하면 안 되는 게, 애덤 스미스는 인간이 사리를 추구하는 것이 좋다고 말한 적이 없습니다. 사리를 추구하는 행위가 결과적으로 국부를 증진시킬 때에만 좋다고 했습니다. 애덤 스미스도 식민주의자를 철저하게 비판합니다. 국부도 증진시키지 못하면서 사리사욕을 위해서 사람들을 함부로 죽여서는 안 된다는 것이죠.

공리주의도 마찬가지입니다. 결과론적입니다. 내 행동이 이기적인 동기에서 나왔건 아니건 그것은 중요하지 않다고 보았습니다. 하지만 그런 행동이 사회의 효용성, 사회적 쾌락을 증진시킨다면 좋다는 겁니다. 이것을 나중에 효용성으로 바꾼 것이 미국의 실용주의입니다. 이게 바로 미국의 실용주의 전통입니다.

그렇다고 공리주의자들이 이기적인 행동을 찬성하는 것은 아닙니다. 오히려 이타적 행위가 더 좋을 수 있습니다. 왜냐하면 이타적 행위로 나의 쾌락이 감소한 대신 더 많은 사람들의 쾌락을 증진시켰다면 좋은 행동이 되기 때문입니다. 그래서 공리주의자들은 이런 이타적 행위를 장려해야 한다고 주장합니다. 예를 들어 내가 사재를 털어서 고아원을 운영하는 것은 훌륭한 행위죠? 그 결과 나의 쾌락은 감소할 수 있지만 사회적 쾌락은 증진할 수 있습니다. 실제로 밀은 고아원을 운영했습니다.

공리주의자, 벤담의 사고방식을 이제 이해할 수 있겠죠? 벤담이 중요하게 생각한 것은 말할 것도 없이 효율성입니다. 사회적 쾌락을 증진시키는 효율성. 그래서 벤담이 고안한 것이 원형 감옥, 파놉티콘 Panopticon입니다. 미셸 푸코Michel Foucault, 1926~1984는 자신의 저서 『감시와 처벌』에서 제일 먼저 벤담을 소개하고 있습니다.

원형 감옥의 특징은 죄수가 있고, 감시하는 사람이 있으면 감시하는 사람이 원형 한가운데 있는 감시탑에 위치하는 겁니다. 감시자는 구석구석을 볼 수 있지만, 수감자들은 감시자를 볼 수가 없습니다. 따라서 감시를 하는지 안 하는지를 알 수가 없기 때문에 수감자들은 마음대로 행동할 수 없습니다. 감시자가 있는 것과 같은 효과를 낼 수 있는 겁니다. 그러면 최소한의 인원만으로도 수감자를 감시할 수 있는 체계가 됩니다. 감옥을 운영하는 비용을 어떻게 하면 낮출수 있을지를 고민했던 겁니다. 이렇게 하는 것이 사회적 효율을 증진

최대 다수의 최대 행복,
공리주의

벤담의 원형 감옥, 파놉티콘

벤담이 제안한 감옥 건축 양식인 파놉티콘panopticon은 그리스어로 '모두'를 뜻하는 'pan'과 '본다'라는 의미의 'opticon'을 합성한 말이다. 쿠바의 프레시디오 모델로 감옥은 이 파놉티콘이 적용된 감옥이다.

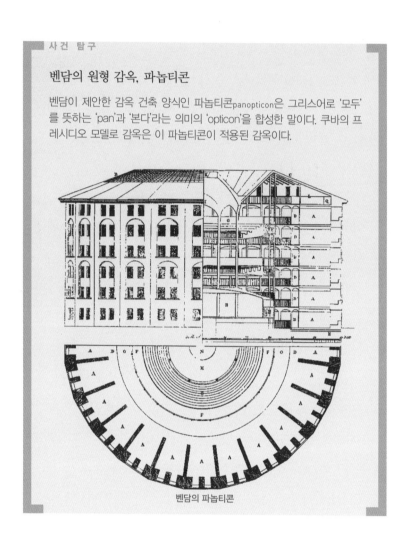

벤담의 파놉티콘

시킨다고 생각한 겁니다.

다른 예를 보겠습니다. 제에게 50만 원이 있습니다. 그리고 A는

10만 원, B는 5만 원이 있습니다. 제가 A와 B에게 돈을 10만 원씩 나눠주었습니다. 잘한 건가요? 왜 잘한 건가요? 두 명은 좋아지고 한 명은 나빠져서? 아닙니다. 원리를 생각해보세요. 벤담은 쾌락을 수치화할 수 있다고 생각했습니다. 저는 쾌락이 얼마 감소했습니까? 50만 원에서 30만 원이 됐으니 40퍼센트 감소했습니다. 그런데 A는 10만 원에서 20만 원으로 늘었으니까 100퍼센트 증가했죠? B는 200퍼센트 증가했습니다. 사회적 쾌락은 총 300퍼센트가 증가한 셈입니다. 결국 쾌락의 총합은 260퍼센트 증가했으므로 제가 돈을 나누어준 행위는 옳다고 할 수 있습니다. 기부와 자선행위가 강조되는 것은 바로 이 때문입니다.

독일 같은 나라는 사회 복지가 잘되어 있고, 자선과 기부 활동이 활발하지 않습니까? 그런 전통이 여기에서 나오는 겁니다. 벤담이나 밀이 보면 빌 게이츠 같은 사람은 아주 잘 어울릴 겁니다. 빌 게이츠는 사업을 굉장히 합리적이고 효율적으로 기업을 경영하죠. 자선행위는 어떻습니까? 적극적으로 참여합니다. 벤담이 보면 정말 이상적인 인간형일 겁니다. 열심히 일해서 이익을 취합니다. 그리고 그 이익의 일부를 사회에 환원함으로써 사회적 쾌락을 증진시키기 때문입니다. 빌 게이츠가 보수냐 진보냐는 굉장히 어려운 질문입니다. 그는 최첨단 자본주의의 선두주자 아닙니까? 그런데 어떻게 보면 사회에 기부를 제일 많이 한단 말이에요. 그래서 평가하기가 어렵습니다. 빌 게이츠가 나쁘다고 쉽게 얘기할 수 있을까요? 저는 그렇게 못할 것 같습니다. 여러 가지 사안이 복잡하게 얽혀 있으니 어느 한쪽으로 판단할 수가 없을 겁니다. 빌 게이츠 덕분에 수술받고 행복해진 사람이 얼마나 많습니까? 그렇다고 빌 게이츠가 돈을 벌어들인 방식이 모두 옳으냐 하면, 그것도 쉽게 판단할 수 없는 문제입니다.

공리주의에 대한 평가도 마찬가지입니다. 쉽지 않은 겁니다. 더 생각해보면 복지국가론도 나올 수 있습니다. 한번 생각해볼까요? 먼저 유명한 경제학 이론을 잠깐 설명하겠습니다. 한계 효용 체감의 법칙입니다. 무슨 말이냐면, 저한테 연예인 뺨칠 정도로 예쁜 여자친구가 있다고 해봅시다. 제가 처음 여자친구랑 키스할 때는 어떤 기분일까요? 너무 행복해서 아마 심장마비로 쓰러질지도 모릅니다. 그런데 그다음에 키스할 때는 어때요? 처음보다는 설레는 마음이 덜하겠죠? 세 번째 할 때는 더 그렇고, 네 번째는 '어? 침 냄새 나네? 이 안 닦고 왔구나?' 이렇게 될 겁니다. 이게 한계 효용 체감의 법칙입니다.

그럼 다시 보세요. 철수, 영호, 민수가 있습니다. 철수는 5만 원 있고, 영호는 10만 원, 민수는 1억 원이 있습니다. 5만 원을 누구한테 주어야 할까요? 누구에게 주어야 사회적 쾌락의 총합이 가장 많겠습니까? 철수한테 주면 100퍼센트 증진하고, 영호한테 주면 50퍼센트 증진하고, 민수한테 주면 티도 안 납니다. 이게 복지국가론입니다. 어떻게 받아들이느냐에 따라 바뀔 수 있는 겁니다. 이게 바로 벤담입니다. 얼마나 멋진 사고방식입니까? 사실 어떤 사상가에 대해 진보적이다 보수적이다를 평가하기는 정말 어렵습니다. 공리주의자라고 하면 요즘은 보수적이라고 평가하는 사람이 많은데, 저는 쉽게 단정하지 못할 것 같습니다.

의대생과 법대생이 있습니다. 문과에서 제일 공부를 잘하면 법대에 가고, 이과에서 제일 성적이 좋으면 의대에 가지 않습니까? 그런데 이 두 부류의 공통점은 무엇입니까? 언어를 다르게 쓴다는 겁니다. 무슨 소린가 싶으시죠? 조선시대에도 지배층은 한자를 썼고, 백성은 언문, 즉 한글을 썼습니다. 지금도 그렇습니다. 대한민국에는 '어렌지'와 '오렌지' 두 계층이 살고 있습니다. 어렌지는 행복하고 오렌지는 슬프고요. 마찬가지로 법대에 가면 어떻게 됩니까? '위법성 조각사유가 해지되는 이유를 설명하시오.' 무슨 소리인지 모르겠죠? 간단합니다. '이거 왜 처벌할 수 없는지 설명해봐.' 이겁니다. 법전은 다 이런식으로 쓰여 있습니다. 의대는 더 심합니다. 몸이 아파서 병원에 가면의사가 처방전을 써줍니다. 영어인지 프랑스어인지 외국어를 휙휙 갈겨쓰는데 약국에 가면 뭘 줍니까? 아스피린 두 알 주거든요.

왜 이런 말을 하냐면 당시 영국에서도 그랬습니다. 법이 대단히 엄격하고 어려웠습니다. 도둑질하면 손목 자르고 하던 시절이었습니다. 범죄자가 대량으로 생기고 감옥이 모자랄 지경이 되자 벤담이 생각해낸 것이 원형 감옥이었습니다. 이게 제대로 안 돼서 죄수들을 오스트레일리아로 보내기도 했습니다. 그런데 이때 벤담이 민중이 쉽게 법률을 알 수 있도록 어려운 법률 용어를 번역했습니다. 정말 대단한 사람입니다.

그런데 벤담의 생각도 비판받을 소지는 충분히 있습니다. 대략 네 가지로 정리할 수 있습니다. 첫 번째, 인간은 쾌락과 고통이라는 두 군주의 지배하에 놓여 있다고 했습니다. 동의하십니까? 그럼 개는요? 개도 그렇죠? 이겁니다. 개와 인간이 뭐가 다르냐는 겁니다. 쾌락주의에 대한 아주 치명적인 비판입니다. 개를 발로 걷어차면 개가 좋아합니까? 당연히 싫어하겠죠. 배부르고 등 따시면 좋아하죠? 인간과 개가 뭐가 다르냐는 겁니다. 이게 첫 번째 비판입니다.

다음, 뼈다귀가 하나 있습니다. 개는 엄청 배가 고프고 저는 배가 부릅니다. 그럼 뼈다귀는 누구에게 주어야 합니까? 개에게 주어야죠. 그렇죠? 그런데 그렇게 생각하는 사람이 있습니까? 다시 얘기하면 내가 재산이 엄청 많은 사람입니다. 그럼 무조건 개한테 뼈다귀를 사줘야 합니까? 이게 딜레마입니다. 쾌락주의에 대한 전형적인 비판입니다. '인간은 고통과 쾌락이라는 두 군주의 지배를 받는다.' 나는 동의할 수 있지만, 그럼 개는 뭐냐는 거예요.

이런 문제를 해결한 사람이 바로 존 스튜어트 밀입니다. 존 스튜어트 밀은 벤담의 후배이고 제자인 제임스 밀James Mill, 1773~1836의 아들입니다. 제임스 밀도 대단한 철학자이고 수학자입니다. 그리고 공리주의자입니다. 제임스 밀이 존 스튜어트 밀을 조기교육을 시킵니다. 네 살 때부터 라틴어를 가르치고 여섯 살 때 소크라테스를 가르치고, 이런 식입니다. 그래서 존 스튜어트 밀이 나중에 이런 고백을 합니다. "나는 청소년기가 없었다." 아버지가 굉장히 탁월하니까 영재 교육을 시킨 겁니다. 매일 산책하면서 물어보는 거죠. "오늘 소크라테스 대화법에 대해서 읽었니?" "여태 라틴어를 못 떼었어?" 그러니 청소년기가 없이 어른이 되어버린 거죠.

더 재미있는 건 첫사랑 이야기입니다. 아버지가 친구들과 파티를 하는데 거기서 존 스튜어트 밀이 첫사랑의 여인을 만났습니다. 아주 유명한 이야기인데, 바로 아버지 친구의 부인을 사랑하게 되는 겁니다. 그런데 아버지 친구가 더 대단합니다. 나중에 그걸 알고 둘의 사랑을 인정합니다. 존 스튜어트 밀이 아팠을 때 아내를 보내서 간호하게 했답니다. 나중에 아버지 친구가 죽은 뒤 둘이 결혼해서 행복하게 삽니다.

존 스튜어트 밀은 여성 인권을 옹호했던 사람입니다. 철학자로서는 최초로 여성의 인권을 말하고 남녀평등을 주장했던 사람입니다. 그리고 고아원을 운영했다는 것도 말씀드렸습니다. 그래서 영국 사회주의의 효시라고 평가받습니다. 그런데 거꾸로 정통 사회주의자들에게는 전형적인 자유주의자로 평가받습니다.

다시 공리주의로 돌아와서 보면, 밀의 공리주의는 어떻게 다를까요? 이런 말 아시죠? "배부른 돼지보다 배고픈 소크라테스가 되겠다." 벤담을 뛰어넘으려는 겁니다. 그래서 쾌락은 질적 차이가 있다는 겁니다. 벤담을 양적 공리주의자라고 하고, 밀을 질적 공리주의자라고 합니다. 벤담과 달리 밀은 쾌락을 수치화할 수 없다고 말합니다.

벤담은 쾌락은 하나밖에 없다고 생각했습니다. 그렇기 때문에 수치로 나타낼 수 있습니다. 쾌락에 온도가 있고, 길이가 있고, 무게가 있다면 평가할 수 없죠. 3킬로그램이 중요해요, 2킬로미터가 중요해요? 비교할 수가 없죠? 무게와 길이를 비교할 수가 없습니다. 하지만 섭씨 17도, 21도, 64도, 이렇게 되면 어느 게 더 뜨겁습니까? 당연히 64도가 뜨겁죠. 벤담은 이래야만 평가할 수가 있다고 생각한 겁니다. 그래서 벤담에게 쾌락은 하나밖에 없는 것이고, 수치로 표현할 수 있는 것입니다.

벤담은 일곱 가지 기준을 제시합니다. 강력성, 지속성, 확실성 또는 불확실성, 원근성, 다산성, 순수성. 이 일곱 가지 기준을 통해서 쾌락은 수치화할 수 있다는 겁니다. 연예인보다 예쁜 여자친구가 있습니다. 점점 가까이 다가옵니다. 프렌치 키스와 딥 키스 중에 어느 쪽이 더 많은 쾌락을 주겠습니까? 또 10초가 좋겠어요, 1분이 좋겠어요? 이게 벤담입니다.

그런데 밀이 이걸 엎어버린 겁니다. 쾌락은 단일하지 않고 다양하며, 인간의 쾌락이 동물의 쾌락보다 중요하다고 말합니다. 그리고 쾌락은 수치화할 수가 없다고 주장합니다. 이게 밀의 질적 공리주의입니다. 밀의 질적 공리주의는 인격의 존엄을 바탕으로 한 쾌락을 중요하게 여깁니다. 개가 나보다 더 배고프다고 해도 내가 뼈다귀를 먹어야 한다는 겁니다. 저는 인격을 가진 존재니까요. 인간은 정신적 쾌락을 추구할 수 있죠. 인간만이 자살할 수 있는 존재이지 개는 자살할 수 없지 않느냐는 것이 밀의 생각입니다. 이해되시죠? 인격이 무시되었다는 이유로 자살할 수 있는 건 사람뿐입니다. 밀은 인격의 존엄성을 강조했습니다. 그래서 배부른 돼지가 아니라 배고픈 소크라테스가 되겠다고 했습니다. 인간과 동물이 다를 바 없다는 공리주의에 대한 비판을 밀이 해결하는 겁니다.

밀에 대해서는 조금 더 설명이 필요합니다. 지금 왜 공리주의를 공부합니까? 『정의란 무엇인가』를 이해하기 위해서 필요하다고 서두에 말씀드렸습니다. 그런데 샌델은 책에서 밀을 자유주의자로 평합니다. 샌델뿐만이 아니라 밀을 자유주의자라고 하는 책들이 가끔 있습니다. 그런데 저는 지금 분명히 밀을 공리주의자라고 했습니다. 『정의란 무엇인가』를 읽다 보면 밀과 칸트의 입장을 똑같이 설명하는 경우가 있는데 완전히 틀린 건 아니지만 사실은 다릅니다. 다음 장에서 칸트도 공부하겠지만 칸트와 밀은 하늘과 땅 차이입니다. 공리주의자들은 결과를 중시하지만, 칸트는 결과는 상관없다고 보는 사람입니다. 그런데 샌델은 왜 밀을 자유주의자라고 했을까요?

밀의 저서 중에서 제일 유명한 책이 『자유론』입니다. 이 책에 '타인위해의 원칙'이 나옵니다. 무슨 뜻이냐면, 내가 나의 이익을 추구하는 것을 남이 뭐라 해서는 안 된다는 겁니다. 어떻게 보면 맞는 말이죠? 내가 내 자유를 추구하는데 그 자유가 타인에게 해를 끼치지 않는 한 무조건 보장받아야 하고, 그것을 국가가 간섭해서는 안 된다는 겁니다. 그런데 뭔가 묘하지 않습니까? 공리주의는 복지국가에 영향을 준다고 했죠? 그런데 이건 완전히 자유방임 국가잖아요? 그래서 견해에 따라서 설명이 다를 수 있고, 논쟁도 많은 것입니다. 공리주의라고 하고, 복지국가에 영향을 주었다고 하고, 밀을 영국 사회주의의 원조라고 보는 견해가 많습니다.

그런데 샌델의 표현에 따르면 밀은 또 자유주의자입니다. 틀린 말이 아닙니다. 가장 대표적인 게 '타인위해의 원칙'이죠. 이것만 보면 누구의 이익을 대변하는 것 같습니까? 부르주아의 이익을 대변하는 것으로 보입니다. 그런데 어떻게 보면 자유주의의 기본적인 합리성이죠. 저는 '타인위해의 원칙'에 굉장히 공감하는 편입니다. 예를 들어 차를 탈 때 안전벨트를 매도록 단속합니다. 그런데 밀의 원칙에 따르면 안전벨트 단속을 할 수가 없죠? 타인에게 위해를 끼치는 행동은 아니잖아요.

밀을 자유주의자로 평가하는 이유가 무엇일까요? 당시에 부르주아의 이익을 대변했던 책이 『자유론』이잖아요. 이 시대의 양면성을 이해해야 합니다. 시대적인 양면성. 밀은 1806년에 태어났으니 자본주의의 폐해도 느꼈을 겁니다. 노동자들의 비참한 생활도 드러나고, 동시대에 마르크스도 나오지 않습니까? 마르크스가 나중에 영국으로 망명합니다. 밀도 영국에 살았습니다. 그래서 마르크스는 밀을 잘 알았습니다. 밀도 마르크스를 알았지만 애써 무시했다고 합니다. 실제로는 어떤 마음을 가졌는지 모르지만. 어쨌든 공리주의에 대한 첫 번째 비판은 밀에 의해서 해결됩니다.

다시 정리하면 밀에 의해서 공리주의에 대한 첫 번째 비판이 해결됐고, 밀의 '타인위해의 원칙' 때문에 샌델이 밀을 자유주의자로 구분하는 겁니다. 그러나 밀은 엄격한 공리주의자이고, 따라서 사회적 쾌락을 증진시키는 행위가 올바른 행위라고 생각했습니다. 기본 원칙은 그겁니다. 추가한다면 내가 다른 사람에게 해를 끼치지 않는 한 나의 자유는 무조건 보장되어야 한다는 것, 그리고 인격의 존엄을 바탕으로 한 쾌락이 다른 쾌락보다 우선한다는 것을 주장했고, 페미니즘적 견해를 가졌던 사람이 밀입니다.

공리주의에 대한 두 번째 비판을 알아보겠습니다. 안락사 문제를 다시 보겠습니다. 벤담에게 윤리의 대상은 누가 될까요? 내가 분필을 부러뜨리면 선한 행위일까요, 악한 행위일까요? 정의롭습니까, 정의롭지 못합니까? 판단하기 어렵죠? 다시, 제가 앞에 있는 사람의 팔을 꺾었습니다. 선한 행위입니까, 악한 행위입니까?

어떻습니까? 팔을 꺾은 건 누가 보더라도 악한 행위입니다. 분필을 부러뜨린 것과 뭐가 다릅니까? 왜 팔을 꺾는 건 악한 행위입니까? 고통이 발생하기 때문입니다. 그런데 분필은 고통이 발생하지 않습니다. 그럼 저는 분필에 대해서는 정의로운 행동을 할 수 있어요, 없어요? 선한 행동을 할 수 있어요, 없어요? 없습니다. 분필은 쾌락이나 고통을 느끼지 못하기 때문이죠.

그러면 윤리 행위의 범위를 어디까지 잡아야 하느냐가 문제가 됩니다. 식물인간은 쾌락과 고통을 못 느낍니다. 따라서 식물인간은 윤리의 대상이 될 수 없습니다. 또 배아 복제는 어떻습니까? 배아는 정자와 난자가 만나서 수정란이 된 건데, 약 8주까지의 단계를 배아라고 합니다. 쾌락과 고통을 못 느끼죠? 그러면 윤리 행위의 대상이 될 수 없습니다. 복제해도 되는 겁니다.

결국 공리주의를 한 번에 무너뜨리는 거죠. "야, 공리주의자! 쾌락과 고통이 윤리 행위의 기준이라며? 그러면 쾌락과 고통은 느끼지 못하는 존재, 혹은 느끼는 존재와 구별이 된다며? 그러면 고통을 느끼는 존재만이 윤리 행위의 대상이라는 말이네? 그럼 식물인간은 어떻게 할래? 배아는 어떻게 할래?" 이런 물음에 설명할 수가 없습니다.

나중에 싱어Peter Albert David Singer, 1946 ~ 라는 생명 도덕철학자가
이 문제를 해결합니다. '하노이의 탑'이라는 게임을 윤리에 적용한 것
인데, 위로 올라갈수록 윤리 대상의 범위가 좁아지고 아래로 갈수록
범위가 넓어집니다. 인간이 발전하면 발전할수록 윤리 행위의 고려
대상의 범위가 넓어진다는 것입니다. 맨 처음엔 윤리 행위의 대상이
'나'로 한정됩니다. 그러다가 가정, 이웃, 사회, 국가, 인류까지로 점점
넓어집니다. 이것을 위 단계라고 합니다. 그다음에는 동물, 그다음엔
식물까지 넓혀가는데, 이것을 중간 단계라고 합니다. 그다음 무생물까
지 넓혀가는 것이 맨 아래 단계입니다. 이 같은 인간의 윤리의식의 발
전 순서를 정리한 것이 '하노이의 탑'입니다.

　　맨 아래 단계에서는 어떻게 되겠습니까? 덤불을 해치고 땅을 막
파헤치면 나쁜 사람이죠. 이처럼 땅도 윤리 행위의 고려 대상이 됩니
다. 식물을 함부로 베면 중간 단계에서는 나쁜 사람입니다. 하지만 위
의 단계에서는 아니죠. 이처럼 실제로 윤리 행위의 대상이 어디까지
냐에 대한 논쟁이 유럽에서 벌어지고 있습니다. 동물들도 고통을 느
끼는가 하는 문제가 제기됩니다. 척추동물은 다 느낀다는 겁니다. 그
래서 동물보호법이 생겼습니다. 가축을 죽일 때 안락사시켜야 합니
다. 구덩이를 파서 생매장해서는 안 됩니다. 우리나라에서 구제역이
발생했을 때 가축 처리가 도덕적으로 문제가 됐잖아요. 유럽에서는

명백히 법적으로 금지된 행위입니다. 그러면서 또 논쟁이 붙었던 게 무척추동물은 괜찮느냐는 거예요. 정어리를 키우는 수족관에 육식 물고기를 같이 넣으면, 정어리가 살려고 도망 다니니까 더 활기차게 오래 산다고 합니다. 어떻게 보면 굉장히 비윤리적입니다. 내내 도망 다니다 죽으라는 거잖아요. 그래서 이걸 금지할 것인지 말 것인지를 두고 유럽에서 논쟁이 벌어졌죠. 어류도 고통을 느낄 수 있다, 없다가 핵심이 되는 겁니다. 왜? 윤리 행위의 고려 대상을 고통을 느끼는 존재인가 아닌가로 판단하기 때문입니다.

그다음 처음에 말씀드린 철학자 중에 이와 연계된 사람이 두 명 있습니다. 아리스토텔레스는 벤담을 비판할 수 없겠죠? 그럼 누굽니까? 칸트와 롤스가 나올 수 있습니다. 칸트와 롤스 편에서 다시 말씀드리겠지만 여기서는 공리주의에 대한 반박을 알아보기 위해 살펴보겠습니다.

칸트부터 보겠습니다. 공리주의에서는 가급적 많은 사람에게 쾌락을 통한 행복을 주는 것이 올바른 행위입니다. 그럼 제가 마약 밀매상이라고 가정해봅시다. 중환자실에 갔습니다. 거긴 얼마 살지 못할 환자들만 입원해 있어요. 그분들은 굉장히 고통스러워합니다. 그런 모습을 본 저는 저의 소중한 마약을 그분들에게 싸게 팔았습니다.

이건 선한 행동일까요, 악한 행동일까요? 대단히 선한 행동입니다. 가급적 많은 사람에게 얼마나 많은 쾌락을 주었습니까? 공리주의 입장에서 비판할 수 있습니까? 공리주의에 따르면 홍길동을 처벌할 수 있나요? 대도 조세형을 어떻게 처벌하겠습니까? 부자나 고위층의 집을 털어서 일부는 가난한 사람들에게도 조금 나누어주었다고 합니다. 그 가난한 사람이 얻은 쾌락은 컸을 겁니다. 1조 원의 재산을 가진 부자가 있어요. 제가 그 부자한테 100억을 훔쳐서 100원밖에 없는 사람에게 100원을 주었어요. 공리주의의 입장에서 보면 얼마나 선한 행위입니까? 그러니 저를 어떻게 처벌하겠어요? 공리주의의 딜레마가 금방 드러나죠?

이런 딜레마에 일침을 준 것이 바로 칸트입니다. 공리주의에 대한 세 번째 비판인데, 공리주의는 목적을 위해서라면 수단이 정당화될 수 있다고 보기 때문입니다. 나쁘게 말하면 마키아벨리이고, 동양적으로는 법가로 표현할 수 있습니다. "야, 네가 그렇게 생각한다면 목적을 위해서는 수단과 방법을 가리지 않고 다 써도 되겠네?"라고 물으면 바로 걸려버리는 거죠. 이게 바로 칸트의 의견입니다. 결과만 좋으면 과정이야 나쁘거나 악해도 상관없습니까? 아니죠. 이 문제는 칸트 편에서 자세하게 살펴보겠습니다.

롤스도 잠깐 보겠습니다. 공리주의는 최대 다수의 최대 행복을 추구한다고 했습니다. 그럼 무슨 문제가 있을까요? 내가 가진 100억 원 중 50억 원을 국가가 함부로 가져다가 가난한 사람에게 나눠줍니다. 벤담은 이게 좋은 행동이라고 했습니다. 그런데 모든 사회에서 이렇게 해도 되겠습니까? 그래서 밀이 '타인위해의 원칙'을 말했던 것입니다. 이뿐만이 아닙니다. 최대 다수의 최대 행복이라는 논리에 따르면, 소수의 권익은 무시해도 되느냐는 질문이 제기될 수 있습니다. 더 넓게는 사회적 소수자의 문제가 발생할 수 있습니다. 사회적 소수자라는 개념은 롤스 편에서 자세하게 다루겠습니다.

이제 공리주의가 무엇인지 정확하게 알았을 것이라고 생각합니다. 공리주의를 알고 나서 『정의란 무엇인가』를 읽으면 더 쏙쏙 머리에 들어올 겁니다. 공리주의에 대해서는 이쯤에서 마무리하고, 이제 칸트로 넘어가도록 하겠습니다.

2장

칸트, 하늘이 무너져도
정의를 세워라

칸트 미리 보기

인격론적 윤리설

정언명령 〉 가언명령
"모든 윤리 행위에 대한 판단의 주체는
자신의 인격이 되어야 한다."

우물로 기어가는
아기를 봤다면……

칸트의 선택은?

**사냥꾼이 꽃사슴의
행방을 묻는다면……**

—

칸트의 선택은?

**홍길동은 의적일까,
도둑일까?**

—

칸트의 선택은?

칸트의 / **인격론적 윤리설**

이제 쾨니히스부르크가 낳은 천재 칸트입니다. 초상화를 보면 정말 철학하는 사람의 눈동자 같지 않습니까? 제가 보기에는 철학자의 전형적인 눈동자 같습니다.

386세대는 독일 철학자 하면 세 사람을 떠올릴 겁니다. 먼저 국가철학자로 불린 헤겔입니다. 철학적 자부심이 대단했겠죠. 당대에도 헤겔은 대단한 영향력을 가졌고 국가적인 존경을 한 몸에 받았다고 합니다. 그리고 이번에 살펴볼 칸트, 그리고 카를 마르크스가 있습니다. 이 세 사람은 독일 철학을 완성한 철학자로 꼽힙니다.

『정의란 무엇인가』에서 주로 다루는 철학자는 칸트이고, 마르크

임마누엘 칸트
Immanuel Kant

1724~1804,
프로이센 쾨니히스베르크 출생
철학자, 쾨니히스베르크 대학 교수(논리학,
형이상학)

칸트의 3대 비판철학서
『순수이성비판』, 『실천이성비판』, 『판단력
비판』

주요 저서
『순수이성비판』(1781), 『형이상학 서설』(1783), 『세계 시민적 관점에서 본 보
편사의 이념』(1784), 『도덕형이상학 원론』(1785), 『자연과학의 형이상학적 기
초』(1786), 『실천이성비판』(1788), 『판단력비판』(1790)

게오르크 빌헬름 프리드리히 헤겔
Georg Wilhelm Friedrich Hegel

1770~1831, 독일 슈투트가르트 출생
관념철학을 대표하는 철학자

주요 저서
『피히테와 셸링의 철학 체계와 차이』(1801),
『철학 비평 일반의 본질』(1802), 『정신현상
학』(1807), 『논리학 1권』(1812), 『논리학 2권』
(1816), 『법철학 강요』(1821)

스는 아주 조금만 언급하고 있습니다. 마르크스에 대해서는 정의론과
관련된 부분만 보도록 하겠습니다. 독일 사람들은 대개 칸트를 좋아

카를 마르크스
Karl Heinrich Marx

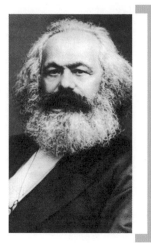

1818~1883, 독일 라인란트 출생
공산주의 혁명가, 역사학자, 경제학자, 철학
자, 사회학자
마르크스주의 창시자
1847년 공산주의자동맹 창설

주요 저서
『철학의 빈곤』(1847), 『임금노동과 자본』
(1847), 『공산당 선언』(1848), 『가치, 가격 그
리고 이윤』(1865), 『자본론』(1867)

한다고 합니다. 사실 독일이 지금은 선진국이지만 18세기 이전만 해도 유럽의 변방이었습니다. 아시아로 치면 흉노족쯤 될 것입니다.

그런데 그런 독일을 독일답게 만든 사람을 꼽으면 세 명이 있습니다. 바로 칸트, 괴테, 베토벤입니다. 그 이전에 독일 음악가 하면 누가 생각나세요? 아마 거의 없을 겁니다. 독일 사람들은 음악을 듣지 않았던 거죠. 그런 독일의 음악을 세계적인 음악으로 만든 사람이 바로 베토벤입니다. 우리는 가장 한국적인 것이 가장 세계적인 것이라는 말을 하죠? 가장 중요한 건 보편성이라는 뜻입니다. 보편성을 만들어냈는가, 이게 중요합니다. 우리가 베토벤 음악을 독일 음악이라고 하지 않습니다. 마찬가지로 칸트 철학을 독일 철학이라고 하지 않는

루트비히 판 베토벤
Ludwig van Beethoven

1770~1827, 독일 본 출생

주요 작품

〈교향곡 제3번 영웅〉, 〈교향곡 제5번 운명〉, 〈교향곡 제6번 전원〉, 〈피아노 협주곡 제5번 황제〉, 〈피아노 3중주곡 제5번 유령〉, 〈피아노 소나타 제8번 비창〉, 〈피아노 소나타 제14번 월광〉, 〈엘리제를 위하여〉 등

요한 괴테
Johann Wolfgang von Goethe

1749~1832, 독일 프랑크푸르트 출생
시인, 소설가, 극작가
바이마르 공국의 재상 역임

주요 저서

『젊은 베르테르의 슬픔』(1774), 『초고 파우스트』(1775), 『단편 파우스트』(1790), 『빌헬름 마이스터의 편력 시대』(1829), 『파우스트 제1부』(1808), 『파우스트 제2부』(1832)

거죠.

그리고 괴테의 소설 『젊은 베르테르의 슬픔』을 독일 문학이라고 하지 않습니다. 샤를 드 로테를 독일 문학의 주인공이라고 표현하지

않습니다. 독일 사람이 독일어로 썼지만 전 세계 사람이 애독하는 문학 작품입니다. 그래서 이 세 사람이 독일을 독일답게 만들었다고 하는 겁니다. 독일의 것을 세계적인 것으로 만들었다는 의미죠. 이후에 어떻게 보면 독일이 변방에서 중심으로 올라서게 되는 겁니다.

본격적으로 칸트에 대한 이야기를 하겠습니다. 칸트 하면 어떤 이미지가 떠오르나요? 칸트는 굉장히 규칙적인 생활을 했다고 합니다. 매일 오후 3시 30분이면 산책을 했습니다. 그래서 칸트가 산책하는 모습을 보고 마을 사람들은 시계를 보지 않고도 몇 시인지를 알았다고 합니다. 칸트는 죽을 때까지 자신이 살던 도시 쾨니히스부르크를 떠나본 적이 없다고 합니다. 굉장히 독특한 사람이죠. 그런 사람이 세계 지리책을 썼습니다. 동네 밖으로 나가본 적도 없던 사람이 세계 지리책을 쓸 만큼 천재였다는 얘기이기도 합니다. 또 그는 평생 독신으로 살았습니다. 키가 150센티미터가 안 되는 단신이었다고 합니다. 그런데 게르만 민족은 키가 얼마나 큽니까? 완전 귀염둥이로 살았던 거죠. 칸트가 좋아하는 스포츠는 당구였습니다.

칸트가 살던 시대를 보면, 1760년에 산업혁명이 일어나고, 1789년에 프랑스 혁명이 터졌습니다. 즉 영국과 프랑스는 이미 근대 사회로 들어선 시기였습니다. 그런데 독일은 당시 신성로마제국이었는데,

그때까지도 왕정이고 봉건적인 중세였던 겁니다. 흔히 중세는 신성이 지배하는 시대이고, 근대는 이성이 지배하는 시대라고 합니다.

칸트 철학의 목표가 바로 근대화, 신성과 이성의 조화입니다. 신성이란 건 기본적으로 기독교 정신을 말하고, 헤브라이즘Hebraism이라고 표현할 수 있습니다. 이성적 사고라는 건 곧 그리스-로마의 헬레니즘Hellenism 사고를 말하니까 헬레니즘 사고와 헤브라이즘 사고를 융합시켰다고 할 수 있습니다. 그래서 칸트 철학을 서양 철학의 완성이라고 합니다. 모든 서양 철학을 종합하고 새로운 출발을 알린 철학자가 바로 칸트라는 얘기입니다.

칸트는 매우 규칙적인 생활을 했고, 당구를 좋아했다고 했습니다. 당시에 당구를 친다는 건 어떤 의미일까요? 할 일 없는 동네 형들이 치는 게 당구가 아닙니다. 당구 경기 보셨습니까? 뭐 입고 칩니까? 트레이닝복에 슬리퍼 신고 치는 게 아닙니다. 정장, 부르주아의 옷을 입습니다. 당구는 신사의 스포츠라고 하고, 특히 유럽에서는 인기 있는 스포츠였습니다. 당시에 당구를 친다는 건 나도 서구의 근대적 합리성을 익혔다는 의미로 볼 수 있습니다. 골프 치는 사람을 보면 어떻습니까? 물론 순수하게 골프를 좋아하는 사람도 많지만 한편으로는 "나도 골프를 칠 수 있는 사회적, 경제적 여유를 가진 사람이야"라는 의미가 내포되어 있습니다. 골프 치고 나서 사우나 가서 여유롭게 이야기하고 그러잖아요. 마찬가지로 당시 당구를 쳤다는 것도 "나는 서구의 근대적 합리성을 익혔다"는 걸 보여주는 의미도 있었습니다. 어쨌든 칸트는 당구를 굉장히 잘 쳤다고 합니다. 여담이지만 키가 150센티미터도 안 된다니까 허리 뒤로 돌려 치고 하는 건 어려웠을 것 같아요.

정의론과 관련해서 칸트에게서 배워야 할 것은 딱 하나입니다. 칸트가 시간을 정말 칼같이 지켰다고 하죠? 칸트가 산책을 나오면 동네 아주머니들이 3시 30분이 되었다는 것을 알고, 조금 있으면 남편이 퇴근하니까 저녁 준비를 했다고 합니다. 칸트가 지팡이를 짚고 산책을 다녔기 때문에 그 지팡이 소리를 듣고 저녁을 준비할 시간을 가늠했다고 할 정도로 칸트는 규칙적인 사람이었습니다. 그런 칸트가 시간을 어긴 적이 딱 한 번 있었다고 합니다. 루소의 『에밀』을 읽다가 시간 가는 줄 몰랐다고 합니다. 사실 저도 그 얘길 듣고 『에밀』을 샀어요. 책도 두껍습니다. 얼마나 재미있으면 칸트가 시간을 못 지켰을까 싶었는데, 베개로 잘 썼습니다. 저는 재미없더라고요. 어렵고. 아마 시대가 변했기 때문일지 모릅니다. 그리고 칸트는 프랑스 혁명을 예찬했던 사람이기 때문에 프랑스 혁명에 영향을 준 루소의 생각에 더욱 공감했을 것 같습니다.

장-자크 루소
Jean-Jacques Rousseau

1712~1778, 스위스 제네바 출생
사회계약론자, 계몽주의 철학자

주요 저서
『인간 불평등 기원론』(1755), 『신 엘로이즈』
(1761), 『에밀』(1762), 『사회계약론』(1762), 『고
백』(1782)

아무튼 우리는 칸트를 다 알지만 칸트 철학이라고 하면 굉장히 어렵게 생각합니다. 칸트에 대한 논문도 수없이 많습니다. 그런데 우리가 『정의란 무엇인가』를 이해하기 위해서 반드시 알아야 할 용어는 딱 하나입니다. 바로 정언명령입니다. 정언명령의 반대말은 가언명령입니다. 이 둘의 차이점은 매우 간단합니다. 정언명령은 아무런 목적이나 의도가 없는 명령이고, 가언명령은 목적이나 의도를 가진 명령입니다.

예를 들어 물에 빠진 사람을 구해주면 사례금을 받을 것 같습니다. 그래서 잽싸게 구해줬습니다. 그럼 무슨 명령이죠? 가언명령이죠. 왜 가언명령입니까? 뭐가 존재합니까? 돈을 받겠다는 목적이나 의도가 존재하기 때문입니다. 같은 상황에서 그런 생각을 안 하고 저 사람을 구하는 것이 사람의 도리이자 의무라 여기고 구했습니다. 이건 정

언명령이죠. 이게 전부입니다. 그럼 칸트는 어떤 게 더 정의롭고 더 선한 행동이라고 생각합니까? 정언명령입니다. 그래서 칸트는 정말 간단합니다. 모든 행동을 어떻게 하라는 겁니까? 정언명령에 따라 행동하라는 겁니다. 가언명령을 행하지 말고. 간단하죠? 물론 이걸로 끝은 아닙니다. 계속 살펴보겠습니다.

어떻게 보면 칸트를 이해하기가 쉬운 게, 칸트는 기본적으로 유학과 상당히 비슷한 점이 있습니다. 예를 들어 맹자孟子, 기원전 372?~기원전 289?가 '불인인지심不忍人之心'이라는 말을 했습니다. 참을 수 없는 인간의 마음이란 뜻입니다. 이 '참을 인忍'자가 정말 재미있는 말인데, 칼 도刀자 아래 마음 심心자가 있잖아요? 마음에 뭘 품고 있는 겁니까? 칼을 품고 있는 겁니다. 당장 찌르지는 못하지만 칼을 품고 있다는 겁니다. 이해가시죠? 내가 누구와 딱 마주쳤는데, 사랑하는 연인을 뺏어간 사람일 수도 있고, 돈 떼먹고 도망간 사람일 수도 있어요. 그러면 제 마음이 어떻겠습니까? 당장 칼로 찔러버리고 싶지 않습니까? 그러나 마음에만 품고 있는 겁니다. 그래서 '참다'라는 의미가 있는 겁니다. 소변 참고, 배고픔 참는 게 아닙니다. 그런데 '불인不忍'이니까 그것조차 할 수 없는 인간의 마음이라는 거죠? 맹자의 전형적인 성선설입니다. 인간의 본성은 선하다는 것입니다.

성선설과 관련해서 유명한 이야기가 있습니다. 어떤 사람이 맹자에게 "이봐, 어떻게 인간의 본성이 선하다는 거야?" 물었습니다. 그때 마침 아기가 우물로 기어가고 있습니다. 그 아기를 가만히 놔두면 어떻게 됩니까? 우물에 빠져서 죽겠죠? 그런데 보세요. 사자가 우물가로 기어가는 염소를 보고 있습니다. 물론 사자는 배부를 때는 사냥을 안 합니다. 사자가 엄청 배가 불러요. 그러면 염소를 안 잡아먹습니다. 그렇겠죠? 그런데 염소가 우물가로 가고 있습니다. 그러면 사자가 가서 구해줍니까? 나중에 배고플 때 먹어야지 하면서? 아니죠. 그런 마음이 들지 않죠? 염소의 생명은 소중하니까 구해야겠다는 생각이 들지 않습니다.

그런데 사람은 어떻습니까? 극악무도한 사람이 누가 있겠습니까? 아기가 우물가로 기어가는 걸 보면 어떻게 하겠습니까? 가만 놔둘까요? 가서 구할 겁니다. 그게 참을 수 없는 인간의 마음입니다. 칸트와 똑같습니다. 왜 구해줍니까? 목적이나 의도가 있는 게 아니죠? 누군가 나에게 보상해줄 거니까 그 어린아이를 구하는 게 아닙니다. 칸트는 정말 쉽게 이해할 수 있습니다. 그런데 만만치 않습니다. 이제부터 몇 가지 예를 들어볼 텐데, 칸트의 말에 따라 정언명령인지 가언명령인지 한번 맞혀보세요. 샌델도 책에서 같은 질문을 던집니다. 맞혀보면 칸트의 정언명령을 이해하게 될 겁니다.

먼저 어린아이가 우물가로 기어가지 않습니까? 두 어린아이가 우물가로 기어가고 있는데 한 아이는 입고 있는 옷이 장난이 아니에요. 트레이닝복 입고 가는데, 장인이 한 땀 한 땀 정성 들여 만든 명품 옷입니다. 다른 아이는 그냥 기저귀 하나 달랑 차고 기어가고 있습니다. 그래서 제가 가서 명품 옷을 입은 아이를 구했어요. 정언명령입니까, 가언명령입니까? 칸트는 그러면 안 된다는 거죠. 어떤 목적이나 보상을 바라고 하는 행위는 올바른 행위가 아니라는 겁니다. 목적이나 보상이 아니라 행위 그 자체가 중요하다는 겁니다.

이제 본격적으로 문제 들어갑니다. 지금까지는 몸 푼 겁니다. 칸트의 정언명령을 제대로 한번 공부해보겠습니다. 예를 들어보겠습니다. 제가 여러분과 열심히 수업을 하고 있습니다. 강의실이 36층이거든요. 그런데 수업을 하다가 문득 인생이 너무 괴로운 거예요. '아, 사는 게 너무 괴롭다. 이렇게 힘든 인생, 더 살아 뭐해?' 하는 생각이 드는 겁니다. 그래서 '에잇! 강의는 해서 뭐해?' 그러고 창문을 열고 뛰어내리려고 합니다. 그럼 여러분은 저를 밀 거예요, 잡을 거예요? 밀면 처벌을 받습니다. 정언명령입니까, 가언명령입니까? 밀었단 말이에요. 그러면 분명히 처벌을 받겠죠. 위험에 처한 사람을 미는 것이 도리이자 의무로 여기는 사람이 있습니까? 그런 사람은 없습니다. 그러니 이건 100퍼센트 가언명령입니다. '수업 듣기 싫은데 잘됐군' 하고 밀었다면 100퍼센트 가언명령입니다.

　　중요한 건 이게 아닙니다. 제가 강의하다가 학생들을 보고 '내가 이렇게 열심히 강의하는데, 아무리 청중 아르바이트로 왔다고 해도 누구 하나 음료수 건네는 사람이 없구나', 이런 생각이 드는 겁니다. 선생이 가르치다 보면 목 마르기도 할 텐데. '이런 나쁜, 에잇!' 하고 뛰어내리려고 하는데 학생이 와서 저를 딱 붙잡았습니다. 이건 정언명령일까요, 가언명령일까요? 맞혀보세요.

　　정답은 '몰라요'입니다. 제가 뛰어내리려는데 딱 붙잡고서 이러는 겁니다. "마저 가르치고 죽어야죠." 그럼 무슨 명령입니까? 가언명령이죠. 이해되시죠? "야, 칸트만 하고 가면 어떡해? 아리스토텔레스도 남고 롤스도 남았잖아." 이건 가언명령이죠. 그런데 이게 아니라 제자 된 도리이자 사람 된 도리로 저를 붙잡았습니다. 이러면 정언명령입니다. 드러난 행동으로 판단하면 저를 잡아당기면 정언명령이죠. 밀었을 경우는 가언명령입니다. 잡았더라도 의도를 모른다면 정언명령인지 가언명령인지 판단할 수 없습니다.

　　그래서 칸트는 선악을 판단할 때 겉으로 드러난 행위를 가지고 판단하지 않습니다. 겉으로 드러난 행위는 어땠습니까? 똑같습니다.

하지만 어떤 행위는 선하고 어떤 행위는 악하다고 합니다. 여기서 중요한 건 무엇이겠습니까? 내면의 심성, moral minds입니다. 그래서 칸트는 인간의 행위, 겉으로 드러난 행위보다 인간의 내면에 있는 도덕률이 더 중요하다고 보았습니다. 도덕률에 의해서 행동을 판단할 수 있다는 겁니다. 겉으로 드러난 인간의 행위에 대해 판단하는 것은 무엇입니까? 법法입니다. 법은 내면의 도덕률 같은 것을 처벌하지 않습니다. 제가 마음속으로 누군가를 죽이고 싶습니다. 하지만 이건 처벌하지 않죠? 우리 헌법은 양심의 자유를 보장하고 있습니다. 내면의 도덕률을 가지고 처벌할 수 없다는 것입니다. 그러면 이제 내면의 심성이 칸트의 법입니다. 칸트의 법은 현실의 법과는 다르죠? 그래서 칸트는 내면의 도덕률에 따라야 한다고 강조했습니다. 이게 바로 칸트의 철학입니다.

더 예를 들어볼까요? 아침에 보니까 아빠 구두가 더러워요. '아버지 구두가 너무 더럽네' 하면서 구두를 닦았습니다. 정언명령입니까? 아직 모르죠. 아버지 구두를 닦으면서 '2500원, 2500원, 2500원, 이 돈 안 주면 다신 안 닦아. 절대로.' 이건 가언명령이죠? 반면 아버지 구두를 깨끗하게 닦는 것은 자식의 도리이자 의무라고 생각했어요. 그러면 정언명령입니다. 감 잡으셨습니까? 이게 칸트가 말한 내면의 도덕률입니다.

다시 제가 강의를 하는데 어쨌든 제자들이 음료수 한번 안 사왔습니다. 그런데 제가 이렇게 얘기하고 나니까 다음 시간에 음료수를 사온 겁니다. 아직 정언명령인지 가언명령인지 모르죠? '야, 치사해서 사준다. 먹어라.' 무슨 명령입니까? 가언명령입니다. '그래, 비록 내가 아르바이트로 오는 거지만 선생님에게 음료수 한 잔 사드리는 것이 제자 된 도리이자 의무지' 하면서 사왔어요. 이건 정언명령입니다.

재미있지 않습니까? 정언명령인지 가언명령인지 판단하는 기준이 무엇입니까? 내면의 도덕률입니다. 겉으로 드러난 행동이 중요한 게 아니라 진정한 내면의 도덕률에 의해서 움직이는 것, 그게 바로 뭐가 되겠습니까? 양심이죠. 도덕적 양심에 따라서 행동해야 한다는 것이 칸트의 정언명법定言命法입니다. 대단히 재미있는 이론입니다.

그런데 만만하지 않습니다. 계속 보겠습니다. 정언명법의 문제점은 뭘까요? 보세요. 어떤 학생이 저한테 음료수를 갖다 줍니다. "선생님, 드세요." 정언명령인지 가언명령인지 모르죠? '먹고 떨어져.' '이거 먹고 좀 조용히 해라.' 이러면 가언명령입니다. 그런데 스승에 대한 존경심이 우러나와서 사왔으면 정언명령입니다. 그럼 이 학생이 저한테 음료수를 사다주었습니다. 여러분, 이건 정언명령입니까? 아니면 가언명령이에요? 지금 이 책을 읽는 여러분은 모르죠. 지구상에서 이 행

칸트의
인격론적 윤리설

동이 정언명령인지 가언명령인지 아는 사람은 딱 한 명입니다. 누구죠? 음료수를 가져온 학생입니다.

이 때문에 칸트의 윤리설은 주관적이라고 얘기합니다. 누가 이렇게 비판했겠습니까? 칸트 다음에 나오는 철학자, 헤겔입니다. 헤겔은 자신의 윤리설을 객관적 윤리설이라고 하고, 칸트를 주관적 윤리설이라고 했습니다. 혹은 예전에 보면 같은 맥락은 아닌데 칸트의 관념론을 주관적 관념론, 헤겔의 관념론을 객관적 관념론이라 합니다. 그리면 헤겔의 객관성은 누가 보장해줄 것이냐? 바로 절대 정신이 보장해준다고 합니다. 그러면 절대 정신은 바로 누구다? 국가가 되는 겁니다. 헤겔에게 철학의 목표는 국가를 최고의 지위에 올려놓는 것이었습니다. 국가가 절대 정신이 되는 겁니다.

그러면 칸트는 거꾸로 '어? 내 윤리가 주관적이라고?' 하겠죠? 여러분이 칸트라면 뭐라고 대답하겠습니까? "그래, 나 주관적이야. 내가 부족했네. 미안 미안." 이러겠습니까? 아니죠. 칸트가 살던 당시에 프랑스 혁명이 일어났습니다. 그리고 어떤 개념이 나옵니까? 인권人權이란 개념이 생겨납니다. 인권에서 가장 중요한 건 뭡니까? 온 우주의 가치만큼 큰 것이 뭡니까? 바로 나의 가치입니다. 그래서 칸트가 볼 때 가장 중요한 것은 인격입니다. 고등학교 윤리책에 보면 칸트를 '인격론적 윤리설'이라고 합니다. 모든 윤리 행위 판단의 주체는 자신의 인격이 되어야 한다는 뜻입니다. 그래서 내가 올바르다고 생각하는 행동을 하면 된다는 겁니다. 그리고 나는 그것이 올바른 행동인지 아닌지를 판단할 수 있는 능력을 태어날 때부터 부여받았다는 겁니다.

자 여러분, 다음 문제로 넘어가보겠습니다. 이번에는 제가 사냥꾼입니다. 어느 날부터인가 사냥하기가 싫어졌습니다. 그래서 나무꾼으로 직업을 바꾸고 열심히 나무를 하고 있었습니다. 그런데 꽃사슴이 뛰어옵니다. 꽃사슴 뒤에는 누가 쫓아오겠습니까? 네, 사냥꾼이 쫓아옵니다. 꽃사슴이 뛰어와서 제가 쌓아놓은 나무 더미 속으로 숨었습니다. 사냥꾼이 저한테 물어봅니다. "꽃사슴 어디로 갔어요?" 칸트의 정언명령에 따르면 뭐라고 대답해야 할까요?

① 저쪽으로 갔어요.

② 하늘로 솟구쳤어요.

③ 사냥꾼이 못 알아듣게 수화를 한다.

④ (꽃사슴이 숨은 곳을 가리키며) 여기요.

어느 것이 되겠습니까? 1번이요? 왜 1번이죠? 꽃사슴이 불쌍해서? 그런데 1번이라고 대답하면 안 됩니다. 칸트는, 감정은 윤리 행위의 판단 기준이 될 수 없다고 했습니다. 절대로 안 됩니다. 1번이라고 대답한 것은 꽃사슴을 살리기 위해서죠? 꽃사슴을 살리기 위한 뭐가 생겼습니까? 목적과 의도가 생겼습니다. 그래서 안 된다는 겁니다. 저는 4번이라고 해야 합니다. 왜 그럴까요? 칸트에게 절대로 허용되어선 안 되는 게 있습니다. 바로 거짓말입니다. 모든 거짓말은 목적과 의도가 있기 때문에 절대로 거짓말을 해서는 안 된다는 것이 칸트의 생각이었습니다. 물론 선의의 거짓말도 용납할 수가 없습니다.

그러면 뭐와 완전히 반대되는 거죠? 공리주의죠. 공리주의에 따르면, 거짓말을 해서 열 명을 살릴 수 있다면 좋은 행동입니다. 거짓말을 하면 열 명이 살고, 사실대로 말하면 한 명이 삽니다. 그러면 공리주의자는 어떻게 하겠습니까? 거짓말을 하죠. 그걸 선의의 거짓말이라고 합니다. 그런데 칸트는 거짓말은 그 자체에 목적과 의도가 있기 때문에 안 된다는 겁니다. 결국 꽃사슴은 사냥꾼에게 잡혀서 죽을 수밖에 없는 거죠.

다른 이야기를 볼까요? 아주 힘들게 살아가던 여자가 있었습니다. 그런데 어느 날 정말 잘생기고 돈이 많은 남자를 알게 되었습니다. 여자는 그 남자에게 매일 편지를 보내 사랑을 고백했습니다. 드디어 여자는 그 돈 많은 남자와 사귀다가 결혼했습니다. 상상만 해도 행복한 일입니다. 결혼해서 보니 재산이 장난이 아니에요. 수백억 자산가였던 거죠. 그런데 그 남자가 죽었습니다. 여자가 그 재산을 모두 상속받았습니다. 그런데 여자는 남편을 잃고 실의에 빠져 살다가 폐암이라는 몹쓸 병에 걸렸습니다. 살날이 두 달밖에 남지 않았다는 시한부 선고를 받았습니다. 그래서 저를 찾아옵니다. "선생님, 제가 죽으면 전 재산을 A고아원에 기부해주세요"라는 유언을 남기고 죽었습니다. 그러면 저는 그 돈을 어떻게 해야 되겠습니까? A고아원에 갖다주어야 하죠? 그래서 A고아원을 찾아갔습니다. 그런데 고아원에 가서 보니까 원장이 아동 성추행범인 거예요. 이마에 쓰여 있습니다. '나는 아동 성추행을 위해서 이 땅에 태어났다.' 이렇게 쓰여 있는 사람입니다. 그러면 저는 칸트의 말에 따르면 어떻게 해야 합니까?

① B고아원에 준다.
② 그냥 내가 먹는다.
③ 야밤을 틈타 마늘밭에 묻는다.
④ 그래도 A고아원에 준다.

몇 번이죠? A고아원에 주어야 합니다. 왜 그렇죠? 칸트에 따르면 약속은 무조건 지켜야 하기 때문입니다. 이게 칸트입니다.

칸트가 볼 때 홍길동은 좋은 사람입니까, 나쁜 사람입니까? 나쁘죠. 도둑질을 했으니까. 의적과 선의의 거짓말은 똑같은 거죠. 홍길동은 칸트가 보면 공리주의자입니다. 결과는 좋을지 모르지만 내면의 도덕률을 깨부순 거죠. 도둑질하는 거 좋다고 생각하는 사람이 있습니까? 없죠. 도둑질은 나쁘다는 게 일반적인 생각입니다. 그러니까 지키라는 거죠. 도덕법에 예외를 두어서는 안 된다는 겁니다. 도둑질은 나쁜 짓인데, 그래도 홍길동이 하는 건 괜찮다? 칸트는 있을 수 없다고 봅니다. 도둑질 자체가 나쁘고, 우리는 어릴 때부터 본능적, 선험적으로 도둑질은 나쁘다는 걸 알고 있습니다. 어떤 경우에도 도덕법에 예외를 허용해서는 안 된다는 게 칸트의 생각입니다. 그래서 거짓말 안 되고요, 도둑질 안 되고요, 강도도 안 되고, 강간도 안 되고, 인신매매도 무조건 안 됩니다. 맞죠? 남자분들 혹시 사랑하는 여자친구를 비싼 값에 인신매매하는 것이 남친의 도리이자 의무로 생각하는 분 있습니까? 하나도 없죠? 이건 무조건 해서는 안 되고 지켜야합니다. 이게 칸트의 사고방식입니다. 도덕법칙의 예외를 허용하지 않습니다.

그러면 이걸 또 누가 비판하겠습니까? 문제점은 무엇일까요? 이번에도 헤겔이 비판을 합니다. 도둑질하면 안 된다, 강도질하면 안 된다, 이거 몇 살 때 배우셨어요? 고3 때 교과서에서 배웁니까? 고3 때 거짓말하지 말라고 처음 배웁니까? 아니죠? 언제부터 배웁니까? 서너 살 때부터 배웁니다. 엄마가 뭐라고 그럽니까? "유치원에 가서 정말 급박하면 하루에 딱 두 번만 거짓말해." 그러지 않죠? 엄마가 뭐라고 하죠? "엄마가 세상에서 제일 싫어하는 게 뭔지 알아? 거짓말이야. 거짓말." 그런데 그 순간 엄마도 사실은 거짓말을 하는 거죠. 엄마가 뭐라고 했어요? "너 친구들하고 약속했다가도 너무 힘든 일이 생기면 하루에 세 번은 어겨도 돼." 그러지 않죠? "엄마가 제일 싫어하는 게 뭔지 알아? 약속 안 지키는 거야. 약속 안 지키는 거." 이렇게 말하잖아요. 그런데 사실 엄마도 종종 거짓말하죠? 세뱃돈을 가져가면서 분명히 뭐라고 그래요? 돌려주겠다고 하죠? 그러고선 안 돌려주잖아요. 이해되셨죠?

헤겔은 칸트의 윤리설이 너무 유아적이라고 생각했습니다. 그래서 유아적 윤리설이라고 비판합니다. 헤겔은 칸트의 윤리가 너무 유아적이고 주관적이기 때문에 윤리가 객관적이고 더 높은 수준에서 이루어져야 한다고 생각했습니다. 이때 더 높은 수준은 개인이 아니라 사회역사적 측면에서 국가가 결정할 일이라고 하는 겁니다. 이 때문에 헤겔을 국가주의자라고 평가합니다. 윤리설도 칸트와 헤겔이 완전히 다릅니다. 『정의란 무엇인가』에서 샌델은 헤겔을 다루지 않기 때문에 제가 말씀드린 겁니다.

다음 문제입니다. 제가 대학교에서 수학을 가르치는 교수입니다. 어떤 학생이 왔는데 너무 안 씻어서 냄새가 심해요. 머리도 나빠보이고, 코 질질 흘리고 주머니에 돈 한푼 없어 보이고. "교수님." "어, 왜?" "2+3이 얼마예요?" 이렇게 물어본 거예요. 저는 애가 너무 불쌍해서 가르쳐줬어요. 정언명령입니까, 가언명령입니까? 이건 가언명령입니다. 제가 아까 뭐라고 했죠? 너무 불쌍해서 가르쳐주었다고 했죠? 그래서 가언명령입니다.

반대로 다른 학생이 왔는데 현빈처럼 잘생겼어요. 여자친구는 송혜교보다 더 예쁩니다. 그런데 그런 여자친구가 한둘이 아니에요. 거기다 아이큐는 160이에요. "야, 너 성이 뭐냐?" 물었더니 이씨래요. 아버지 이름은 건희래요. 재산도 장난이 아니에요. 그 학생이 저에게 묻습니다. "선생님 루트 325에 뭐 곱하기 나누기 제트승 플러스 알파 식해서 페르마의 정리에 따른 이런 것에 원인과 결과의 미적분을 만든 루틴과 라이프니치의 인과관계에 의해서 증명해주세요." 물론 전 알고 있죠. 저는 가르쳐야 할까요, 말아야 할까요? 만약에 앞의 학생은 불쌍해서 가르쳐주었다면 이 학생은 가르쳐주지 말아야 하잖아요. 불쌍하지 않으니까요. 칸트는 그러면 안 된다고 합니다. 둘 다 가르쳐주어야 합니다. 불쌍해서 가르치고 말고 해서는 안 되고, 가르치는 것이 스승의 도리이자 의무이기 때문에 가르쳐야 한다는 거죠. 휠

씬 더 멋지죠?

 길을 걸어가다가 거지를 봤는데 불쌍하다고 돈 주지 말라는 거예요. 일본에 대한 논쟁이 나올 때 칸트는 명확할 겁니다. 일본에 쓰나미 참사가 벌어졌어요. 그런데 불쌍하긴 한데 얄미워요. 어떡할까요? 불쌍하면 도와야 하는데, 얄미우니까 돕지 않게 되겠죠? 칸트가 보면 그 사람은 굉장히 천박하고 도덕률이 낮은 겁니다. 불쌍하다고 도와서는 안 되는 거예요. 우리는 같은 세계인으로서 이웃을 도와야 한다는 정언명령, 도덕률, 양심에 따를 때 진정한 인간의 가치가 생긴다는 거죠. 후진국이 재난을 당할 때는 도와주고 선진국이 재난을 당하면 안 도와도 되는 게 아닙니다. '우리는 무조건 도와야 한다.' 이게 내면의 도덕률이고 인간다운 거라고 칸트는 생각했습니다.

 아직 안 끝났습니다. 칸트의 도덕률은 금방 안 끝납니다. 칸트는 독일 사람입니다. 그런데 영국과 프랑스 철학자 세 명 있습니다. 영국에는 토머스 홉스가 있고요, 그다음에 존 로크가 있습니다. 프랑스에는 칸트가 그렇게 열심히 읽었다는 책 『에밀』을 쓴 루소가 있습니다. 공통점이 뭐죠? 사회계약설입니다. 홉스가 '만인에 대한 만인의 상태'라고 하지 않았습니까? 그래서 뭘 보장받기 위해 계약을 맺었다고 합니까? 안전을 보장받기 위해 계약을 맺었다고 합니다. 그러면 벌써

토머스 홉스
Thomas Hobbes

1588~1679, 영국 윌트셔 출생
철학자, 법학자

주요 저서
『리바이어던』(1651), 『철학의 요소들: 인간에
관하여』(1658), 『비히모스』(1682)

문제가 생깁니다. 칸트는 사회계약설을 허용할 수가 없어요. 안전을 보장받기 위해 계약을 맺었으니까 이것은 가언명령입니다. 국가는 그렇게 해서는 안 된다고 생각합니다. 국가는 개인의 인격을 바탕으로 형성되어야 한다고 생각합니다. 그러니까 국가이론도 굉장히 독특하고, '무엇을 하기 위해' 이런 말이 나오면 기본적으로 가언명령으로 보는 겁니다. 내면의 순수한 도덕률, 도덕적 의무감에 따라서만 행동하라 이겁니다.

그래서 칸트가 꿈꾼 것은 딱 두 단어만 기억하면 됩니다. 하나는 우리가 이번에 안 것, 방금 전에 배운 정언명령입니다. 두 번째는 정언명령하고 같은 건데 '목적의 왕국'입니다. 이게 칸트가 꿈꾼 세계입니다. 목적의 왕국. 이 목적의 왕국이 뭐냐 하면 아주 간단합니다. 한번 생각해보세요. 우리는 친구를 사귈 때 대개 두 가지 이유가 있을

인물 탐구

존 로크
John Locke

1632~1704, 영국 서머싯 출생
철학자. 정치사상가. 경험철학자

주요 저서
『종교 관용에 관한 서한』(1689), 『통치론』
(1689), 『인간오성론』(1690)

겁니다. 하나는 그 사람이 럭셔리해 보여서 친구로 사귀는 거예요. 그 친구랑 다니면 컵라면이라도 얻어먹을 것 같습니다. 그래서 컵라면을 얻어먹기 위해 친구를 사귀었어요. 이건 뭡니까? 가언명령이겠죠? 그러면 그 순간 친구는 어쨌든 사람이죠? 사람을 다르게 말하면 인격인데 친구가 목적이었습니까? 아니면 수단이었습니까? 컵라면이란 목적을 위한 수단이죠. 이렇게 해서는 안 된다는 거예요. 그럼 이건 무슨 왕국이 되는 겁니까? 서로가 서로를 수단으로 여기는 수단의 왕국이 되는 겁니다. 이건 아니라는 거죠.

자, 반면에 친구를 사귀는 것 자체가 목적이어서 친구를 사귀었어요. 이건 친구가 목적이 되는 거죠? 칸트는 모든 사람이 이렇게 사귀는 것을 꿈꾸었습니다. 그래서 칸트가 꿈꾼 사회를 목적의 왕국이라고 말합니다.

제가 여러분에게 강의를 하고 있습니다. 칸트가 부활해서 제가 강의하는 학원에 왔습니다. 칸트는 기분이 어떨까요? 기분이 나쁠 수밖에 없죠? 왜요? 강사인 저는 학생들을 뭐로 대우하고 있습니까? 수단입니다. 돈을 벌어 생활하기 위한 수단으로 학생들을 가르치잖아요. 거꾸로 그렇다고 해서 저만 나쁜 건가요? 아니죠. 학생들도 왜 제 수업을 듣습니까? 좋은 대학에 들어가기 위한 수단이죠. 그게 수단의 왕국이죠. 그래서는 안 된다는 게 칸트의 사고입니다.

여러분 회사를 봅시다. 회사는 목적의 왕국이에요, 수단의 왕국이에요? 사장이 노동자를 고용했습니다. 수단이죠. 노동자가 자본가를 어떻게 대합니까? 월급 주는 사람이죠? 수단으로 대우하죠. 그건 수단의 왕국입니다. 그러면 칸트가 볼 때 결코 수단의 왕국이 되어선 안 되는 곳이 있습니다. 어디겠습니까? 우리 인생을 살아가면서 절대 여러분을 수단으로 대우하지 않는 곳이 있습니다. 가정입니다. 그래서 칸트는 가족을 강조할 수밖에 없죠. 이것에 대해서 동의하지 않을 수 없죠? 세상에서 제일 나쁜 놈이 누굽니까? 뉴스에 나오죠? 보험금 타려고 아버지를 죽였다는 사건을 보면 굉장히 분개하지 않습니까? "야, 아버지조차 돈벌이 수단으로 써먹다니. 정말 패륜아구나" 하죠.

또 절대 수단으로 대우해서는 안 되는 곳이 있는데 바로 교회입니다. 칸트가 본다면 한국 교회 반성하라고 할 겁니다. 뿐만 아니라 목사가 신도들을 십일조를 많이 걷기 위한 수단으로 생각한다면 칸트 는 용납할 수 없겠죠? 거꾸로 신도들이 교회를 천국에 가기 위한 수 단으로 생각해서도 안 되겠죠. 칸트가 볼 때 가족과 교회 같은 것은 결코 수단의 왕국이 되어선 안 됩니다.

이제 칸트 철학을 어느 정도 이해했을 겁니다. 칸트는 기본적으 로 정언명령과 목적의 왕국을 말했습니다. 그런데 사실 칸트 철학을 비판하려면 끝도 없죠. 수단의 왕국이 무조건 나쁘다고 한다면 회사 는 다 없어져야 돼요. 그렇지 않습니까? 여러분, 평생 거짓말 안 하면 서 사는 사람이 어디 있어요? 불가능한 일이죠? 한 명을 죽이면 전 세계 70억 명을 살릴 수 있어요. 안 죽일 건가요? 그 한 명이 설령 자 기라고 해도 고민하지 않을 수 없을 겁니다. 칸트도 이걸 모르진 않았 겠죠. 칸트가 정언명령에 따르라고 했죠? 그런데 이거 못 지킵니다. 절 대로 못 지켜요.

제가 이순신 장군이라고 하죠. 이순신 장군이 맨 마지막에 왜군 을 쫓아갑니다. 노량해전이죠. 명나라 이여송이 처음엔 육군만 데리 고 왔다가 나중에 해군도 들어오고 그럽니다. 그러자 일본이 도망가 려고 합니다. 사실 도망가게 둬도 되는데 이순신 장군이 보통 사람이 아닌 거죠. 쫓아갑니다. 그런데 거기에서 조총을 맞고 돌아가시잖아요. 조총을 딱 맞으면서 "나의 죽음을 알리지 마라. 약속할 수 있겠는가?" 하고 물었습니다. "아니요" 하면 어떡해요? 다시 팔 떨어질 때까지 약속을 받아낼 겁니다. "나의 죽음을 알리지 마라. 약속할 수 있겠는가?" "네" 하고 졸병이 약속을 했습니다. 이제 봅시다. 다른 병사가 와서 묻습니다. "우리 장군님 죽었다며?" 칸트의 정언명령에 따라 대답해보세요. '네'일까요, '아니요'일까요?

'죽었습니다' 하는 순간 가언명령이죠. 이순신 장군과의 약속을 어겼잖아요. 그러면 '아니에요'라고 하면 어떻게 돼요? 이것도 가언명령이죠. 거짓말을 했으니까. 이렇게 칸트의 정언명령은 지킬 수가 없습니다. 정언명령은 예외를 허락하지 않잖아요. 이율배반적이고 자기 옹호적이고 모순적이죠. 그러니까 제 말은 뒤에서 다시 논의하겠지만 이런 철학을 구체적인 사례에 100퍼센트 적용하려고 하면 맞질 않는 거죠. 칸트한테 가서 "거짓말하면 49억 명이 살고, 한 명이 팔만 살짝 다칩니다. 당신은 어떻게 하겠습니까?" 하고 물으면 뭐라고 하겠습니까? 칸트한테 "당신은 한평생 거짓말 안 했어?" 이거랑 똑같은 질문 아니겠습니까? 제가 앞에서 말했지만 2개의 정언명령에 칸트는 대답하지 못할 겁니다. 현실적인 답을 내놓지 못합니다. 칸트는 기본적으로 형이상학적이고 관념론자이거든요. 하지만 우리가 그렇게 받아들일 것이 아니라 거꾸로 칸트는 명확한 도덕 원칙을 제시해줄 수 있다고 받아들일 수 있습니다. 만약에 정언이든 가언이든, 목적이든 수단이든 모두 허용할 경우 뭐가 도덕이냐고 물으면 어떻게 하겠습니까? '무조건 많은 사람이 좋아지면 다 좋은 일이야', '결과가 좋으면 다 좋은 거야'라고 하면 수단과 방법은 상관없습니까? 뭐가 도덕입니까? 이 문제에 대해서 칸트는 명확한 답을 주고자 했다고 이해하면 되겠습니다.

칸트가 멋진 말을 합니다. '하늘이 무너져도 정의를 세워라!' 어떤 일이 있어도 정의를 세우라는 거죠. 공리주의와 칸트를 예를 들어 보겠습니다. 안락사 문제입니다. 식물인간이 된 사람의 안락사를 허용할 것인가, 말 것인가? 그러면 공리주의와 칸트의 입장이 얼마나 명확히 대변되는지 금방 이해하실 겁니다. 공리주의는 한 사람의 생명을 희생하더라도 많은 사람의 행복과 쾌락을 증진시킬 수 있다면, 다시 말해 사회적 이익이 더 크다면 당연히 해야 된다고 생각할 겁니다. 그러나 칸트는 그럴 수가 없습니다. 그 순간 한 사람의 목숨을 수단으로 대우한 거죠? 있을 수 없는 일이죠? 설령 한 사람을 희생해서 많은 사람을 구할 수 있다고 하더라도 결코 사람의 생명을 수단으로 대우해서는 안 된다고 생각하기 때문입니다. 여기서 공리주의와 칸트가 명확히 구분됩니다.

그다음에 샌델의 논의로 들어가면 쉽게 이해할 것입니다. 철길 논제가 나오는데, 두 가지 전제가 있습니다. 샌델이 답을 주지는 않습니다만 우리가 한번 추론해볼 수 있습니다. 철길이 있습니다. 갈림길이 나오는데 왼쪽에는 인부가 다섯 명 있고, 오른쪽에는 한 명 있습니다. 그런데 기차는 원래 왼쪽으로 가게 되어 있습니다. 여러분이 기관사인데 이걸 보고서 방향을 조정할 수 있는 거죠. 그런데 원래는 어떻게 하기로 했습니까? 왼쪽으로 가기로 했죠? 이렇게 되면 다섯 명이 죽습니다. 그런데 여러분이 레버를 당기면 철길이 바뀌면서 오른쪽으로 갑니다. 그러면 답은 간단하지 않겠습니까? 공리주의가 있고 칸트가 있으면, 공리주의는 말할 것도 없이 가급적 많은 사람, 최대 다수의 최대 행복을 위해 오른쪽으로 갈 겁니다. 그 결과 오른쪽에 있던 한 사람의 생명은 어떻게 되겠습니까? 다섯 명을 살리기 위한 수단이 돼버렸죠? 이 때문에 칸트는 결코 레버를 당길 수가 없습니다. 이렇게 답이 나오는 겁니다.

두 번째 전제는 조금 다릅니다. 철길이 있습니다. 철길에서 다섯 명의 인부가 일하고 있습니다. 철길 옆에는 철길을 구경할 수 있는 곳이 있습니다. 그곳에 뚱보 아저씨가 있고, 말라깽이 아저씨가 있는데 말라깽이가 당신이라 이거죠. 그때 기차가 지나가는데 가만 놔두면 다섯 명이 죽습니다. 그런데 뚱보 아저씨를 발로 뻥 차면 철길로 떨어지면서 기차를 막을 수 있습니다. 그렇게 해서 다섯 명을 살릴 수 있다는 거죠. 당신이 뛰어들고 싶지만 몸집이 작기 때문에 소용이 없을 것 같고, 뚱보 아저씨가 뛰어들면 기차를 막을 수 있는 상황인 거예요. 그러면 당신은 뚱보 아저씨를 발로 차겠느냐, 마느냐는 거죠.

공리주의자라면 당연히 발로 차겠죠? 반면에 칸트는 뚱보 아저씨의 생명을 수단으로 대우해서는 안 되기 때문에 차지 않겠죠. 그래서 비슷한 예를 들었는데 아마 샌델은 이런 질문을 던지는 거죠. '앞의 두 가지 경우에서 사람들은 누구의 입장을 따르겠는가?' 앞의 경우에는 공리주의의 입장을 따를 것 같은데, 뒤의 경우에는 칸트의 입장을 따를 것 같다, 따라서 공리주의와 칸트의 도덕률이 언제 어디서나 항상 적용될 수 있는 것은 아니지 않겠는가? 그러면 둘 다 틀리지 않았을까 하면서 자신의 이야기를 끌어나가는 겁니다. 이렇게 해서 칸트 이야기가 끝났습니다.

칸트의
인격론적 윤리설

3장

존 롤스, 기회의 평등,
결과의 불평등

John Rawls_
40 AÑOS DE **TEORÍA DE LA JUSTICIA**

무지의 베일

기본적 자유에 있어서 평등한 권리,
기회의 평등

"정의로운 계약이란 서로를 완벽하게 모
르는 상태에서 맺어진 것이다."

당신은 상대가
누구인지 알고 있다면,

패자에게 대전료 일부를
지불하는 계약에 동의하시겠습니까?

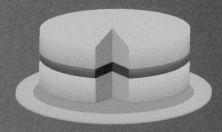

다섯 명이 케이크를
가장 공평하게 나누는 방법

롤스라면 어떻게 할까?

여성 고용 할당제,
장애인 의무 고용 할당제, 지역 균형 선발 제도 등

당신은 이것이 역차별이라고 생각합니까?

롤스의 / 정의론

이번에는 존 롤스에 대해 살펴보겠습니다. 『정의란 무엇인가』에 나오는 공리주의나 칸트 철학은 고등학교 때 배웠던 내용입니다. 그런데 입시 위주의 공부이고, 암기 위주가 되다 보니까 기억을 잘 못하는

> ┃ 인물 탐구
>
> ### 존 롤스
> John Rawls
>
> 1921~2002, 미국 볼티모어 출생
> 코넬 대학, 매사추세츠 공대 교수 역임
> 하버드 대학교 철학과 교수
>
> **주요 저서**
> 『공정으로서의 정의』(1958), 『정의론』(1971),
> 『정치적 자유주의』(1993), 『만민법』(1999)

거겠죠. 공리주의는 벤담 또는 최대 다수의 최대 행복, 칸트는 정언 명령, 목적의 왕국 이런 정도로 이해할 수 있습니다. 이에 대해서는 샌델의 책에도 어느 정도 소개되어 있어 이해하기 어렵지 않을 것입니다.

그런데 『정의란 무엇인가』가 밀리언셀러라고 하는데, 과연 그 책을 처음부터 끝까지 완독한 사람이 얼마나 될까 싶습니다. 100만 부가 팔렸다고 하면 그 10분의 1인 10만 명이 안 될 거라고 생각합니다. 많은 사람들이 책을 덮는 부분이 롤스가 나오면서부터가 아닐까 합니다. '이 사람은 도대체 뭔데?' '많이 듣던 이름은 아닌데?' 하실 텐데 어떻게 보면 존 롤스를 잘 모르는 게 당연합니다. 롤스는 우리와 동시대 사람입니다. 1921년에 태어나서 2002년에 죽었습니다. 우리나라에서 월드컵 할 때까지 살았던 사람입니다. 그러니까 우리하고 동시대 사람이죠. 그리고 이제 나오겠지만 『정의론』이란 책으로 확 떴던 사람이에요.

롤스를 영미의 정치철학자라고 하는데, 영국이나 미국은 철학적 전통이 굉장히 약합니다. 영미 철학의 전통이란 건 경험론이거든요. 물론 경험론이란 철학이 대단하긴 하지만 그래도 애덤 스미스를 칸트나 헤겔보다 철학적으로 높게 치지는 않잖아요? 공리주의 철학에 대해 어느 게 위아래라고 얘기하지는 않지만 우리가 보통 이런 표현을 많이 하잖아요? '유럽은 구대륙이고, 미국은 신대륙이다.' 신대륙은 아무래도 실용주의 학문이 발달할 것이고, 구대륙은 원론적인 학문이 발달할 것인데, 철학은 말할 것도 없이 원론적인 학문 아니겠습니까? 그러니까 미국이 아무래도 철학 쪽은 약하다고 하는 겁니다. 그럼에도 불구하고 미국인으로서 철학적 전통에 우뚝 선 사람이 존 롤스입니다. 그렇게 될 수 있었던 계기가 바로 『정의론』이고요. 실제로 존 롤스와 샌델이 나중에 만나게 됩니다.

존 롤스에 대해서 한번 알아보겠습니다. 영미 정치철학자인데 굉장히 독특합니다. 이 사람의 사상을 이해하기 위해서는 먼저 한두 가지를 이해해야 합니다. 제가 영국 철학자 한번 나열해볼까요? 앞에서 다 본 건데 공리주의 공부하지 않았습니까? 대표적인 공리주의 철학자로 누가 있습니까? 앞에서 벤담과 밀에 대해서 공부했습니다. 벤담이 가장 큰 영향을 준 사람이 흄이고, 흄하고 절친했던 사람이 애덤 스미스입니다. 이 사람들이 다 영국 경험론자입니다. 그리고 공리주의에 영향을 주었고, 공리주의적 성격을 띱니다. 벤담과 밀이 나오고, 공리주의가 미국으로 넘어가면 존 듀이, 윌리엄 제임스 같은 실용주의로 나타납니다.

존 듀이
John Dewey

1859~1952, 미국 버몬트 출생
철학자, 교육학자, 미네소타, 미시간, 시카
고, 컬럼비아 대학교 교수 역임
전국교육협회 명예회장

주요 저서
『논리학적 이론의 연구』(1903), 『경험으로서
의 예술』(1934), 『학교와 사회』(1899)

윌리엄 제임스
William James

1842~1910, 미국 뉴욕 출생
하버드 대학교 철학, 심리학 교수 역임

주요 저서
『종교적 경험의 다양성』(1902), 『실용주의』
(1907)

벤담과 밀에 대해 살펴보면서 최대 다수의 최대 행복을 말했는데, 영미 철학은 크게 보면 영국 경험론이라고 합니다. 영국 경험론의 전통은 기본적으로 공리주의로 완성됩니다. 그런데 공리주의에서 정의론이라고 하면 기본적으로 뭐가 되겠습니까? 최대 다수의 최대 행복입니다. 사회적 이익을 최대화하는 것이 바로 정의다, 이겁니다. 그런데 이게 정말 심각한 문제에 부딪힐 수밖에 없습니다. 최대 다수의 최대 행복이라는 건 10만 원이 있으면 만 원, 만 원밖에 없으면 2만 원씩 나눠주면 무조건 잘한 일이죠. 이때 내가 자발적으로 나눠주었다면 굉장히 도덕적인 일입니다. 그게 이타심일 겁니다. 이타심을 미리 강조하는 이유입니다. 그런데 국가가 그걸 강제로 빼앗아서 나눠주었단 말입니다. 공리주의 관점에서 보면 좋은 일이에요, 나쁜 일이에요? 좋은 일이죠.

그런데 거기에 대해서 동의할 사람은 없을 겁니다. 물론 너무 파렴치한 방법이라면 한계가 있을 겁니다. 사회적 공리 증진을 위해서 부자의 돈을 무조건 강탈해서 가난한 사람들에게 나눠주는 법을 만들자고 하면 동의하지 않는 사람이 많을 거예요. 왜 그렇겠습니까? 이유는 간단합니다. 최대 다수의 최대 행복으로 다룰 수 없는 인간의 권리가 존재한다고 생각하기 때문입니다. 그런데 사실 영미의 공리주의적 전통에 따르면 생각해볼 수가 없는 거죠. 이런 문제가 나오는 겁니다. 이런 문제를 풀기 위해서 롤스는 기본적으로 공리주의를 비판합니다. 그렇다고 공리주의를 완전히 떠났느냐? 그렇게는 생각하지 않지만 일단은 공리주의에 대한 비판으로 시작합니다.

어쨌든 존 롤스도 미국 사람이잖아요? 그러면 영미의 전통이라는 것은 말할 것도 없죠. 홉스, 로크, 루소는 전통 사회계약설이고, 칸트, 헤겔, 마르크스는 사회계약설이 없습니다. 독일에 사회계약설이 없는 이유는 간단합니다. 왜냐하면 독일은 후발 자본주의 국가이기 때문입니다. 후발 자본주의 나라에서는 누가 자본주의의 발전을 주도합니까? 국가가 주도합니다. 부르주아가 주도하지 않아요. 반대로 홉스나 로크는 영국 사람이고, 루소는 프랑스 사람이죠? 영국, 프랑스에서는 누가 자본주의 발달을 주도합니까? 부르주아가 주도하죠. 부르주아 이론이 바로 사회계약설입니다. 부르주아가 강조한 게 무엇입니까? 귀족으로부터 벗어나는 개인의 자유를 강조했습니다. 그러니까 커다란 자유주의적 전통에서 개인의 자유를 강조하고, 국가 질서는 임의적인 자유에 의해서 결합한 사회계약설을 지지하게 된 겁니다.

그러면 롤스의 입장은 무엇일까요? 사회계약의 문제로써 이 문제를 극복하려고 했던 것이 롤스의 시도입니다. 사회계약의 전통에서서 공리주의적 문제, 정의의 문제를 극복하고자 하는 것이 롤스의 '정의론'입니다. 롤스를 이해하기 위해서는 제일 많이 나오는 '무지의 베일veil of ignorance'이라는 말을 이해해야 합니다. 번역이 마음에 들지 않지만, 쉽게 말하면 베일은 커튼입니다. 무지는 모르는 것, 무식한 것이니까 무지의 베일은 아주 간단한 내용입니다. 무지의 베일이란 어떤 계약을 맺을 때 그 내용이 자신에게 유리한지 불리한지를 모르는 상태를 말합니다.

　세계에서 제일 싸움을 잘하는 사람이 있습니다. 50억분의 1, 효도르가 있고 우리 언니가 있습니다. 언니는 아주 착한 여학생입니다. 둘이서 격투기 시합을 하기로 했습니다. 상금이 10만 달러가 걸려 있어요. 그런데 계약 내용에 이런 조항이 있습니다. 싸우다 보면 부상을 당할 수 있으므로 보험을 들어서 다리가 부러진다든지, 고막이 터진다든지, 코피가 세 번 난다든지 하는 부상을 당할 경우 치료비를 주기로 합니다. 어떻습니까? 정의로워 보입니까? 맞습니다. 정의로워 보이죠. 모든 사람이 동의할 겁니다. 싸우다가 어떻게 될지 모르니까 이런 장치가 있으면 좋죠.

　그런데 효도르하고 언니가 만났습니다. 이 계약을 제시했습니다. 그러면 계약을 할까요? 효도르랑 싸우는 겁니다. 네 살짜리 꼬마랑 싸우는 게 아닙니다. 둘 중 누가 부상을 당할 가능성이 더 높습니까? 당연히 언니죠? 그럼 언니는 100퍼센트 동의합니다. 그런데 효도르는 동의하겠습니까? 안 하죠. 효도르가 언니랑 싸워서 다칠 일이 있겠습니까? 아마 꿀밤 몇 대만 때려도 이길 겁니다. 그러면 효도르는 이 계약에 동의할 수가 없습니다. 격투기 시합에서 이겨도 보험금을 빼면 상금이 적어지기 때문입니다.

만약에 서로를 아는 상태에서라면 이런 계약이 성사될 리가 없습니다. 서로 상대를 아는 상태에서는 계약이 어느 정도 맺어질 수 있을까요? '부상을 당하면 각자 알아서 치료한다.' 이렇게 되면 맺어질 겁니다. 효도르가 계약서를 들고 와서 서명하라고 하면 해야죠. 그리고 서로 상대에게 책임을 묻지 않기로 계약을 할 겁니다. 이런 계약이 정의롭다고 생각하는 사람은 아무도 없을 겁니다.

롤스는 그렇다면 어떻게 해야 이 계약이 정당한지를 묻습니다. 어떻게 하면 되겠습니까? 간단합니다. 효도르가 상대 선수로 누가 나올지 몰라야 합니다. 언니가 나온다면 계약에 동의하지 않겠지만 누가 나올지 모른다면 상황이 달라집니다. 만약에 레미 본야스키가 나온다면, 밥 샙이 나온다면 계약에 동의하겠죠. 그러니까 요지는 누가 나올지 모르는 상태에서 하는 계약이 바로 '무지의 베일'이라는 겁니다. 커튼이 쳐져 있는 상태죠. 그 커튼 뒤에 누가 있는지 모르는 상태가 바로 롤스가 말하는 원초 상태입니다. 원시 상태라고도 하죠? 그런 상태에서 사회계약을 맺어야 한다는 것입니다. 홉스의 원시 상태는 만인에 대한 만인의 투쟁을 말하는 것 아니겠습니까?

롤스는 이처럼 서로를 완벽하게 모르는 상태에서 맺어진 계약만이 정당하고 정의로운 계약이라고 했습니다. 그렇게 되면 계약에 참여하는 사람들은 본인이 수혜자가 될지도 모르는 가능성을 염두에 두게 됩니다. 그러니 사람들은 최악의 상황을 대비하여 계약에 참여하게 되는데, 이것이 바로 사회적 약자를 보호하는 원리입니다. 멋있지 않습니까? 어느 누구도 자신에게 주어질 환경이나 능력을 모르는 상태에서 맺는 계약만이 정의롭다는 겁니다.

제가 이번에 〈나는 가수다〉에 출연하기로 했습니다. 그런데 탈락자에게는 따뜻한 위로를 보내자는 취지에서 다음 앨범 10만 장을 팔 수 있는 기회를 주자는 제안을 받았습니다. 그런데 보니까 상대 가수가 그냥 동네에서 노래 좀 한다는 아마추어예요. 그러면 계약하겠습니까? 안 하죠. 내가 이길 게 뻔한데 그런 조건을 수용할 까닭이 없습니다. 그런데 보니까 상대 가수가 임재범, 김범수 같은 급이에요. 그럼 안도하고 계약을 받아들이겠죠. 떨어져도 앨범 10만 장을 팔 수 있으니까요.

여러분, 이렇게 서로를 모르는 상태에서 계약하는 것이 정당한 계약인데, 이게 어떤 문제로 생겨나는 것이겠습니까? 우리가 봤을 때 당연한 느낌이 드는데, 사실 이건 어떻게 보면 미국의 분석철학이기 때문에 미국의 전통을 이해하지 못하면 어렵습니다. 유럽에서는 당연하게 생각하는데 미국에서는 왜 어울리지 않느냐는 겁니다. 이제부터

정의로운 계약은 서로를 완벽하게 모르는 상태에서 맺는 계약

살펴보겠습니다.

박찬호를 예로 들겠습니다. 박찬호가 전성기 때 공 하나 던지는 값이 900만 원이었습니다. 정의로운가요? 한번 생각해보세요. 김연아가 텔레비전에 나와서 우쿨렐레 치면서 "잘 생겼다~" 하면 10억 원을 받습니다. 그런데 여러분이 하면 비웃음거리예요. 행위는 똑같습니다. 그런데 한 명은 10억, 한 명은 비웃음. 정의롭습니까, 정의롭지 않습니까? 아니면 김연아가 해도 5억, 여러분이 해도 5억이라면 정의롭습니까? 저는 오히려 이게 더 정의롭지 못한 것 같습니다. 저는 그런 사회라면 살고 싶지 않습니다. 제가 텔레비전에서 여러분을 봐야 합니까? 그것도 광고로? 시청료까지 내면서? 그럴 수는 없지 않겠습니까?

이런 사고의 철학적 기본은 무엇이겠습니까? 김연아는 10억을 받는 것이 정당하고, 여러분은 비웃음을 사는 게 정당하다면, 이는 전형적인 미국식 사고 아니겠습니까? 자유주의적 사고입니다. 자유주의라는 건 무엇일까요? 정의에 있어서 자유주의라는 건 롤스의 정의론이나 샌델의 정의론이나 결국 분배의 문제를 다루는 것입니다. 『정의란 무엇인가』를 관통하는 큰 주제는 바로 분배의 문제입니다. 어떻게 분배해야 정의로운가? 이것입니다. 분배의 문제에 대해 공리주의는 최대 다수의 최대 행복을 충족할 수 있는 쪽으로 분배하자는 겁니다. 칸트는 분배를 할 때 인간은 결코 수단이 될 수 없다는 거죠.

그러면 자유주의자는 어떻게 분배하자는 것입니까? 능력에 따라 분배하자? 틀린 말은 아니지만 조금 부족한 답입니다. 자유주의에서 말하는 건 정확하게 '후천적' 능력에 따라서 분배하자는 겁니다. 그냥 능력이라고 해도 되겠지만 저는 '후천적'이라는 말을 꼭 붙여야 한다고 생각합니다. 자유주의는 기본적으로 봉건적 질서에 반대하는 것입니다. 프랑스 혁명의 이념을 무슨 주의라고 합니까? 당연히 자유주의 아니겠습니까? 프랑스 혁명의 대이념은 자유주의입니다. 이를 부정하는 사람이 어디 있습니까? 그런데 프랑스 혁명 전에는 신분이 낮으면 능력이 있어도 과거를 보지 못했어요. 프랑스도 우리의 과거 시험과 비슷한 선발 제도가 있었습니다.

왕의 아들은 별시라는 과거를 봅니다. 과거에는 정시와 별시가 있습니다. 우리나라 과거 시험도 재밌는데, 과거 시험이라는 게 지금 보면 웃긴 거 같죠? 그런데 전 지금의 수능제도보다 훨씬 괜찮은 제도일 수도 있다고 생각합니다. 조선시대에는 공부에 두 가지가 있습니다. 하나는 유교 경전을 공부하는 겁니다. 『논어』, 『대학』, 『중용』, 『맹자』 등을 공부하는 게 경학經學입니다. 사장詞章은 글짓기를 하는 겁니다. 논술시험 같은 거죠. 그런데 과거 시험을 경학으로 보는 게 아니라 사장으로 봅니다. 왕을 비롯한 대신들이 문제를 내는 겁니다. "자, 지금 나라의 큰 위기였던 임진왜란이 끝났다. 앞으로 어떻게 농지 개혁을 해야 백성들이 편안히 살 수 있겠는가?" 이런 문제에 대한 의견을 글로 쓰는 것이 과거 시험이었습니다. 어떻게 보면 굉장히 실용적인 시험입니다. 이렇게 사장으로 시험을 봐서 훈구파가 득세하자, 그러지 말고 인품으로 뽑자, 경학으로 뽑자고 하는 겁니다. 과거 시험 보지 말자고 주장한 사람이 조광조였습니다. 당시에는 진보적인 생각일 수 있지만, 사장을 우습게 볼 일은 아닙니다. 우리는 지금 경학으로 뽑는 거죠. 논술시험 정도 살짝 하는 거고요. 이 부분만 놓고 보면 조선시대보다 지금이 더 낫다고 말하기 어려울 것 같습니다.

프랑스도 마찬가지로 매년 보던 시험이 정시이고, 왕자가 태어났다거나 하는 특별한 경사가 있는 경우에 보던 게 별시입니다. 프랑스에서는 바칼로레아 시험이라고 합니다. 왕이 문제를 출제하면, 글을 써서 올리고 채점해서 관직도 주고 그러는 겁니다. 바칼로레아 시험에서 일등으로 합격하여 벼락스타가 된 사람이 바로 루소입니다. 아주 귀염둥이였다가 시험으로 한 방에 일어선 겁니다.

그런데 다시 자유주의로 돌아가면 이 자유주의가 루소의 사상을 이어받아서 생긴 겁니다. 자유주의는 신분제에 반대했습니다. 진정한 자유주의자라면 아마 빌 게이츠가 돈 많이 버는 거 찬성하겠지만 이건희가 버는 것에 대해서는 반대할 확률이 높을 겁니다. 왜 그렇겠습니까? 빌 게이츠는 후천적 능력으로 재화를 배분받았습니다. 그런 사회가 진짜 정의로운 사회라는 거죠. 반면 이건희는 일정 부분 아버지로부터 물려받았죠. 그러니까 빌 게이츠의 경우가 정의롭다는 겁니다. 그런 사회가 진짜 정의로운 사회라는 겁니다. 그렇지 않았을 때는 사회 발전을 기대할 수 없기 때문입니다. 열심히 일한 사람에게 더 많이 배분하자는 말에 반대할 사람이 어디 있겠습니까? 그것이 사회의 대원칙이 되어야 한다는 게 자유주의의 기본 생각입니다.

내가 양반이기 때문에 쌀가마니를 받았어요. 그런데 양반이라는 것은 어떻게 보면 능력이라고 볼 수 없습니다. 그러니까 능력이란 말 자체가 후천적이라는 것입니다. 선천적 능력은 인정하지 않는 겁니다. 능력이란 말 자체가 이미 후천적인 것이기 때문입니다. 그래서 진정한 자유주의자는 후천적 능력에 따라 재화를 분배하자고 주장합니다. 이게 자유주의이고, 이게 어떻게 보면 미국의 정신, 아메리칸 드림American Dream이 되는 겁니다. 아메리칸 드림의 핵심이 뭡니까? 능력이 있으면 성공할 수 있다는 것입니다. 미국에서는 능력 있는 사람이 그 능력에 걸맞은 대우를 받을 수 있다는 생각입니다. 그러니까 자기 나라에서는 능력을 발휘할 기회가 제한되어 있어 대우를 받지 못하던 사람이 아메리칸 드림을 꿈꾸며 미국으로 가는 이야기가 영화나 소설에 많이 나오잖아요? 미국 대통령들의 연설에 나오는 아메리칸 드림의 정신이 바로 능력 있는 사람이 더 많은 재화를 얻을 것이고, 그것이 미국의 정의라는 거죠.

그런데 롤스는 이 아메리칸 드림에 도전장을 던집니다. 롤스가 미국 정치철학사에서 대단한 이유입니다. 무슨 소리냐면, 한번 생각해보세요. 제가 능력 있는 사람이에요. 제가 효도르예요. 그럼 여러분은 저와 시합하는 계약을 맺으시겠습니까? 거절하겠죠. '마이크로소프트를 만든 사람에게 10억 달러를 주자.' 미국 사회는 동의했습니까, 안 했습니까? 동의했습니다. 왜 동의할 수 있었습니까? 후천적 능력에 따라 재화를 나누는 거잖아요. 그런데 이런 합의에 대해 롤스는 물어보고 싶은 겁니다. 이게 겉으로 보면 정당한 것 같지만 빌 게이츠가 다른 사람들이 누구인지 모르는 상태에서는 이런 계약을 맺을 리 없다는 거죠. 이 계약 조건은 거꾸로 말하면 나머지는 굶어 죽자는 계약입니다. 그러니까 설령 빌 게이츠도 아마 경쟁 상대가 누구인지를 모르는 상태였다면 결코 합의하지 않았을 거라는 얘기입니다.

마이클 조단은요? 마이클 조단도 다른 사람들이 농구를 잘하는지 어떤지 모르는 상태에서, 골을 넣으면 다른 선수들의 1000배의 보상을 주는 것에 동의할 리가 없다는 겁니다. 그런데도 미국 사회는 동의하고 있다는 거죠. 이게 자유주의에 대한 반박입니다. 어느 입장이 맞고 틀리고를 말하는 것이 아닙니다.

제가 개인적으로 부러운 것은 맞고 틀리고를 떠나서 이런 수준 높은 논쟁이 이루어지고 있다는 사실입니다. 이런 철학적 논쟁이 벌어지고 있고, 더 부러운 것은 이런 논쟁들을 미국 학생들은 배우고 있다는 거죠. 우리가 영어 단어를 외우는 시간에, 문과 학생들이 미분, 적분에 매달리는 시간에 미국 학생들은 이런 수준 높은 철학적 논쟁에 대해 공부하고 있습니다. 사실 문과에서 미분, 적분을 공부하는 것에 대해 화가 나는 이유는, 학생 수가 50명이면 10명만 수업을 들으라는 얘기이기 때문입니다. 나머지 40명은 못 알아듣거든요. 제가 학생 때 그랬습니다. 나머지 학생들은 교육의 대상으로 보지 않는 거죠. 이런 교육이 어디 있습니까? 엘리트 교육을 해야 할 때가 있고,

아닐 때가 있습니다. 미적분은 과학고등학교에서 잘 가르치면 됩니다. 왜 일반계 모든 고등학생들이 미적분을 배워야 합니까? 문과생들에게 그런 고도의 수학적 사고력이 필요합니까? 기초과학을 가르치는 것이 낫다고 생각합니다. 그런데 지금 문과생들은 수능 볼 때 과학을 아예 안 봅니다. 차라리 기초과학을 보게 해야죠. 어쨌든 논리적 사고를 배우는 미국 학생들이 부러운 건 사실입니다.

다시 롤스로 돌아와서, 롤스와 자유주의의 차이가 뭔지 알아보겠습니다. 롤스는 미국의 두 가지 커다란 전통, 자유주의와 공리주의를 동시에 깨뜨린다는 겁니다. 자유주의의 전통이란 결국 능력에 따라 대우하자는 것인데, 그런 합의가 정의롭지 못할 수도 있다는 겁니다. 조금만 생각하면 쉽게 알 수 있는 문제입니다. 이렇게 되면 어떤 문제가 있겠습니까? 바로 부익부 빈익빈 현상이 심화됩니다. 미국 사회가 그렇습니다. 능력 있는 사람이 다 먹자는 건, 능력이 없으면 망한다는 겁니다. 이게 왜 나쁜 것일까요? 맞는 이야기 아닙니까? 능력 있는 사람이 더 많이 가져가는 거잖아요.

그런데 롤스가 지적한 문제는 무엇이겠습니까? 능력 있는 사람이 더 많이 가지는 건 맞지만 능력만이 분배 기준이 되면 안 된다는 것입니다. 왜냐하면 내가 상대보다 능력이 많다는 게 전제된다면 상대방은 이런 합의에 응하지 않을 것이기 때문입니다. 그래서 정의로운 합의는 '무지의 베일' 속에서 이루어져야 한다고 주장했습니다. 미국은 일방적인 능력 중심의 사회에서 벗어나야 한다는 것이 롤스의 주장입니다.

그러면 일부 미국의 자유주의자들은 뭐라고 비판하겠습니까? 롤스를 사회주의라고 몰아붙입니다. 롤스는 아마 돌아버릴 겁니다. 사회주의자는 어떻게 배분해야 합니까? 카를 마르크스의 대명제가 있습니다. 마르크스가 꿈꾸는 사회가 뭡니까? 공산주의입니다. 공산주의는 뭡니까? 능력에 따라 일하고 필요에 따라 소비하는 사회입니다. 자원 배분의 원칙은 기본적으로 필요가 전제되어야 합니다.

녹차가 있습니다. 누구한테 주어야 할까요? 마르크스는 갈증 나는 사람에게 줄 겁니다. 가장 필요한 사람에게 주라는 것입니다. 반면 자유주의는 능력 있는 사람에게 주라고 합니다. 벤츠는 누가 탑니까? 돈 많은 사람이 타겠죠. 마르크스라면 누가 타야 한다고 생각할까요? 제일 필요한 사람이 벤츠를 타야 합니다. 아주 간단합니다. 뒤에서 또 보겠지만 아리스토텔레스는 어떨까요? 벤츠를 제일 잘 운전할 수 있는 사람이 타야 합니다. 이런 출발점을 모른다면 『정의란 무엇인가』라는 책이 어려울 수밖에 없습니다. 공리주의자라면 누가 타야 한다고 생각하겠습니까? 사회적 효용을 가장 증대시킬 수 있는 사람이 벤츠를 타야 합니다. 이런 차이가 있는 겁니다. 어떤 입장을 선택할 것인가? 이건 마지막에 종합적으로 알아보겠습니다. 요점은 간단합니다. 어느 입장이 꼭 옳다는 것이 아니라 어떤 상황에서는 어느 입장이 올바르냐가 진정한 문제 제기라는 겁니다. 이게 바로 제가 궁극적으로 말씀드리고 싶은 바입니다.

다시 벤츠의 예를 가지고 정리하겠습니다. 사회주의자는 누구에게 벤츠를 주겠습니까? 제일 필요한 사람에게 줍니다. 제가 타야겠네요. 자유주의자는 누구에게 주자는 겁니까? 벤츠를 탈 능력이 있는 사람에게 주자는 겁니다. 역시 제가 타야겠습니다. 아리스토텔레스는 누구한테 주자는 겁니까? 벤츠를 제일 잘 몰 수 있는 사람, 그럼 슈마허겠네요. 공리주의자는 그 차를 운전했을 때 가장 많은 효용을 줄 수 있는 사람에게 주자고 주장합니다. 체력도 좋고, 이타심도 있고, 다른 사람에게 차 빌려주는 거 좋아하고, 사회적 약자를 차에 잘 태워줄 사람에게 주자는 겁니다. 칸트는 뭐라고 하겠습니까? 공리주의적으로 주면 안 된다고 하겠죠. 그 순간 그 사람을 수단으로 삼은 것이기 때문입니다.

롤스가 던지는 두 번째 문제를 살펴보겠습니다. 롤스의 가장 대표적인 문제 제기입니다. 케이크가 하나 있습니다. 다섯 명이 케이크를 나누는데, 어떻게 나누어야 가장 정의로운가 하는 문제입니다. 롤스의 대답은 아주 간단합니다. 한 사람을 지정합니다. 그리고 그 사람에게 케이크를 자르게 한 다음 제일 마지막에 자기 몫을 가져가게 하라는 것입니다. 그러면 그 사람은 사력을 다해 정확하게 5등분하겠지요. 이게 롤스의 정의론, 분배의 원칙입니다.

롤스는 분배의 대상도 확대시켜나갑니다. 아리스토텔레스는 명예와 돈을 분배의 대상으로 봅니다. 마르크스는 물질적인 부를 분배의 대상으로 보았습니다. 그런데 롤스는 여기서 더 나아가 사회적 기본 가치까지 분배 대상으로 보았습니다. 사회적 기본 가치란 자신의 인격을 완성시키기 위한 기본적인 가치입니다. 대표적으로 무엇이 있습니까? 학교가 있겠죠. 어느 대학을 나왔느냐에 따라 기회가 달라집니다. 법대에 갈 것이냐, 의대에 갈 것이냐 같은 자신의 소망을 이루기 위한 도덕적 가치가 중요하다고 판단했습니다. 그래서 사회적 기본 가치가 나오는 겁니다. 좀전에 롤스는 뭐라고 했습니까? '무지의 베일' 상태에서 계약을 맺어야 한다고 했습니다. 그런데 그렇게 했다고 그 계약이 다 정당할 수는 없다고 보았습니다. 무지의 베일에서 맺은 계약이 정당화되기 위해서는 두 가지 조건이 있어야 한다고 했습니다.

첫 번째, 각 개인은 기본적 자유에 있어서 평등한 권리를 가져야 한다는 것입니다. 로크에 따르면, 우리는 세 가지 권리를 부여받았는데 사유재산권, 생명권, 자유권입니다. 한마디로 공리주의를 비판하는 겁니다. 이 세 가지 권리는 최대 다수의 최대 행복이라는 원칙으로도 건드릴 수 없다는 겁니다. 나머지 열 명이 좋아진다고 한 명을 죽일 수는 없다는 주장입니다.

이런 생명권과 같은 권리는 기본적 자유에 있어서 평등한 권리이므로, 계약적 조건에 의해 제한될 수 없다는 겁니다. 자유권도 마찬가지고요. 한 명의 거주 이전의 자유를 제한함으로써 열 명이 편해진다고 해서 그 한 명에게 거주 이전의 자유를 막아서는 안 된다, 이것이 롤스의 주장입니다. 어떤 학생의 몸에서 냄새가 많이 난다고 해서 그 학생이 자신이 원하는 자리에 앉을 자유를 빼앗을 수는 없다는 겁니다. 이제 정리가 되셨습니까? 롤스는 무엇을 극복했습니까? 공리주의를 극복했습니다. 능력에 따라 무조건 대우받아서는 안 된다는 것은 자유주의도 극복하는 겁니다.

그다음 사회주의는 어떻습니까? 필요한 만큼만 가지는 건데, 그래선 안 된다는 거죠? 사회주의도 극복해야 합니다. 사회주의는 결론적으로 무엇을 인정하는 겁니까? 자동차가 두 대 있습니다. 사람도 두 명입니다. 그러면 한 사람이 한 대씩 가져야겠죠? 사회주의의 기본 조건은 평등 아닙니까? 예전에 베트남에 갔을 때 비행기에서 아래를 내려다보고 깜짝 놀랐습니다. 집들이 죄다 똑같았기 때문입니다. 국가에서 무조건 한 채씩 배분해주지 않습니까? 사실 어떻게 보면 그게 사회주의의 정의 아니겠습니까? 불평등을 인정하지 않습니다. 사회주의의 대원칙, 기본적으로 의사와 청소부의 월급이 같습니다. 물론 저는 의사가 월급을 더 많이 받아야 한다고 주장하는 것은 아닙니다. 이런 부분에 대해서 롤스의 생각을 한번 보겠습니다.

무지의 베일 상태에서 맺은 계약이 정의롭기 위한 두 번째 조건입니다. 사회적·경제적 불평등은 다음 두 가지 조건을 충족해야 합니다. 반대로 두 조건만 충족되면 불평등을 인정해야 한다는 겁니다. 두 가지 조건은 어떤 것이냐 하면, 롤스가 주목하는 소수자가 있습니다. 여기서 말하는 소수자는 숫자가 적다는 뜻이 아닙니다. 소수자는 기회가 적은 사람입니다. 예를 들어 여성도 소수자입니다. 남자와 여자가 있는데, 같은 대학, 같은 과를 졸업했지만 취업할 확률이 더 높은 쪽은 남자죠? 이때 여자는 소수자가 됩니다. 기회가 적으니까요. 아까 말씀드렸지만 롤스는 모든 재화의 분배 원칙에서 재화는 돈과 명예만이 아니라 자기의 꿈을 달성하기 위한 기회 같은 것도 포함한다고 보았습니다. 롤스가 볼 때 대한민국과 북한 중 어디가 더 자유로운 사회겠습니까? 남한이 훨씬 자유로운 사회이고, 저도 롤스의 정의에 동의합니다.

소록도에 사는 학생이 있습니다. 그 학생의 부모님은 한센병 환자입니다. 거기다 집도 무척 가난합니다. 그런데 다른 학생은 강남에서 태어나서 엄청나게 잘살고, 아버지 이름이 이건희예요. 아버지가 반도체 만드는 회사의 사장이래요. 그러면 소록도 학생과 강남 학생 중에 누가 더 자유롭겠습니까? 롤스에 따르면 강남 학생이 더 자유롭습니다. 기회가 더 많기 때문입니다. 북한 사람들에게 무슨 기회가 있습니까? 3대 세습에 충성할 수 있는 기회? 이게 기회는 아니죠. 이해하시겠죠? 그러니까 우리가 일반적으로 생각하는 자유와 롤스가 말하는 자유는 다른 개념입니다. 내 마음대로 하는 것이 아니라, 내가 인간답게 살 수 있는 기회를 어느 사회가 더 많이 제공하는가, 이것이 더 자유롭고 정의로운 사회를 판단하는 기준이 됩니다. 굉장히 설득력 있습니다. 롤스의 설득력은 바로 여기서 나온다고 생각합니다.

예를 들어 "너 돈 왜 벌어야 돼?" 하고 물으면 "돈 많으면 좋잖아요", "더 많은 자본을 축적할 수 있잖아요"가 아니라 "내 인생의 기본 가치를 실현하는 데 더 많은 기회를 가질 수 있기 때문에 돈을 벌 거예요"라고 대답하는 게 훨씬 더 멋지지 않습니까?

그런데 소수자는 그런 기회가 적은 사람들입니다. 예를 들어 여성이나 장애자, 동성애자가 소수자에 속합니다. 최근에는 군대에서도 민족이란 용어를 안 쓴다고 하는데, 특히 미국에서는 인종 문제가 있지 않습니까? 흑인이나 히스패닉 같은 소수자들을 위한 제도를 마련해야 한다는 것입니다. 예를 들어 여성 고용 할당제가 있습니다. 최소 몇 퍼센트는 여성을 고용하라는 겁니다. 장애인 의무 고용 할당제도 있고, 대학 들어갈 때 지역 특례 입학제도 있습니다. 소수 인종 배려도 다문화 가정 배려 정책, 그리고 비례대표 국회의원 뽑을 때도 여성에게 일정 수를 할당합니다. 이것을 역차별이라고 주장하는 사람도 있는데, 이런 제도의 전반적인 근거를 대는 것이 바로 롤스였습니다. 프랑스 혁명에서 쟁취한 게 무엇이었습니까? 바로 기회의 평등입니다. 자유주의자들이 기회 평등을 부르짖었던 겁니다. 천민도 양반과 똑같이 과거 시험을 보게 해주자, 이런 겁니다. 지금 서울대학교 들어가는데 신분 자격이 필요합니까? 누구나 서울대에 들어갈 수 있습니다. 서양에서는 바로 프랑스 혁명을 통해서 기회의 평등을 쟁취한 것 아닙니까? 그때 앞장선 것이 자유주의자고요.

그런데 롤스는 이것만 갖고는 안 된다는 겁니다. 대한민국 모든 사람이 버스를 탈 수 있지만 휠체어 타는 장애우들은 버스 계단을 어떻게 오릅니까? 누구나 삼성전자에 들어갈 수 있다고 하지만 실제로는 남자 사원이 더 많지 않습니까? 기회가 배제되는 것입니다. 원칙적으로는 소록도의 가난한 학생도 대학에 들어갈 수 있습니다. 하지만 실상은 들어가기 어렵습니다. 그런 사람들에게 가산점을 주자는 겁니다. 사회적 약자에게 가산점을 주는 것은 결코 역차별이 아니라는 겁니다. 기회의 평등이 있다고는 하지만 실질적 평등은 이루어지지 못하고 있기 때문입니다.

기회의 평등이라는 원칙만으로는 실질적 평등을 제공해주지 못할 수 있다고 롤스는 보았습니다. 장애자도 버스를 탈 수 있고, 화장실 마음대로 이용하라고 하는데, 실제로는 그게 어디 쉬운 일입니까? 그래서 공중화장실에 장애인 소변기도 놓아야 합니다. 그러면 일반인이 보고 불평할 수도 있습니다. "야, 이거 얼마나 많은 사람이 쓴다고? 일반 소변기니 더 만들지." 이래서 안 된다는 겁니다. 롤스는 이들 소수자, 최소 수혜자를 우선 배려해야 한다고 말합니다.

착각하면 안 됩니다. 롤스는 결과의 평등이 아니라 기회의 평등을 강조했습니다. 예를 들어 회사에서 직원을 뽑을 때 남성 50명, 여성 50명을 뽑으라는 겁니다. 더 구체적으로 여성의 점수가 조금 낮더라도 여성 50명을 뽑으라고 말합니다. 그렇게 하면 51점을 받은 남성과 49점을 받은 여성이 있으면 점수가 낮은 여성이 채용될 수도 있습니다. 롤스는 그렇게 하라는 겁니다. 여성이 최소 수혜자이기 때문입니다. 그렇게 해서 회사에 입사한 다음 경쟁을 시키라는 겁니다. 그랬는데도 남자가 잘하면 그 불평등은 인정하자는 겁니다.

100미터 달리기를 하는데 정상인과 장애인이 같은 출발선에서 달리는 것은 기회의 평등이 아닙니다. 이때 장애인이 조금 더 앞에서 출발할 수 있도록 하는 것이 평등이라는 겁니다. 그렇게 출발점을 달리해서 시합을 했는데 뒤에서 출발한 일반인이 이겨서 상금을 독식했다면 이때의 차별은 인정하자는 주장입니다.

롤스는 경제적 불평등은 최소 수혜자의 최대 이득이 되면 인정하자고 합니다. 그래서 기회 균등, 직책이나 지위에 결부된 기회가 균등하면 그냥 인정하자는 겁니다. '왜 의사는 월급을 많이 받아야 하느냐?'라는 질문에 대해 롤스는 아마 이렇게 대답하지 않을까요? '그 의사가 의료 행위를 함으로써 사회적 소수자에게 더 많은 혜택을 줄 수 있다면, 더 많은 보수를 받는 것은 문제가 되지 않는다.'

사실 자유주의자와 똑같죠? 자유주의자는 의사가 능력이 있으니까, 또는 후천적으로 경쟁을 통해 더 많은 성취를 거둔 능력 있는 사람이니까 더 많은 보수를 받는 게 당연하다고 생각합니다. 하지만 롤스가 말하고 싶은 것은 두 가지입니다. 의사가 될 수 있는 기회를 균등하게 제공해야 한다, 즉 최소 수혜자에 대한 우선적 배려를 해야 한다는 것입니다. 두 번째는 그 의사가 최소 수혜자들에게 더 많은 진료 행위를 한다면, 더 많은 보상을 받아도 정당하다는 것입니다. 이런 점에서는 공리주의의 냄새가 나기도 합니다.

여기까지가 롤스입니다. 만만치 않은 이야기지만 롤스를 이해하면 『정의란 무엇인가』를 읽기가 훨씬 수월할 것입니다. 롤스는 유럽이 아닌 미국에서 정치철학을 완성시켰고, 특히 영미권에서 높은 평가를 받는 사람입니다. 일부에서는 사회주의자라고 폄하하고, 또 일부에서는 자유주의자에 불과하다는 평가를 받았습니다. 사실 자유주의자가 맞습니다. 이건 부정할 수 없습니다. 수능 시험에도 나옵니다. 그러면 롤스는 자유주의자라고 써야 합니다. 어쨌든 롤스는 기본적으로 영국과 미국의 공리주의적 전통에 따른 최대 다수의 최대 행복의 문제점을 지적하고, 그것을 다시 사회계약설이라는 영미적 전통을 끌어왔습니다. 그러면서도 전형적인 아메리칸 드림을 이루는 능력 중심의 자유주의 전통을 비판하면서 '무지의 베일' 상태에서 사회적 합의를 끌어내자고 했습니다. 그리고 최소 수혜자에게 최대 이득을 주는 사회가 정의로운 사회라고 보았습니다. 이런 일은 누가 해야겠습니까? 국가에서 해야 합니다. 그러면 그 국가는 복지국가죠? 단적으로 말씀드리면 롤스의 주장은 복지국가론입니다.

그런데 복지국가는 자본주의에서 이루어지는 것 아닙니까? 기본적으로 경쟁이나 능력을 다 인정하잖아요. 결과의 불평등도 받아들이고. 그리고 최소 수혜자에게 가장 많은 혜택을 줄 수 있는 직업이라면 더 많은 보수를 제공하여 사회적 평등과 정의를 이루어내자는 것이 롤스의 주장입니다. 롤스를 통해서 자유주의와 사회주의도 가볍게 훑어보았는데요. 다음 장에서는 아리스토텔레스에 대해서 배워보겠습니다. 사실 롤스를 이해하려면 꼭 거쳐야 하는 게 아리스토텔레스입니다.

4장

아리스토텔레스,
마땅히 받아야 할 사람들의 몫

아리스토텔레스 미리 보기

벌집은 왜 있는 걸까?

이 세상의 모든 물질은 목적을 가지고 태어났다

누가 바이올린을
가져야 하는가?

가장 탁월하게 연주할 수 있는 사람?
가장 필요한 사람?

아리스토텔레스의 중용

—

반복을 통해 중용의 덕이 습관이 될 때 인간은 행복해질 수 있다

아리스토텔레스의 목적론적 윤리설

라파엘로의 〈아테네 학당〉

여러분, 이 그림 기억나시나요? 이탈리아 르네상스 시대의 유명한 화가 라파엘로Raffaello Sanzio, 1483~1520의 〈아테네 학당〉이라는 그림입니다. 이 그림에서 주목할 사람은 정중앙에서 걸어오는 두 명의 주인공입니다. 한 사람은 나이가 들어 보이고, 다른 한 사람은 젊어 보입니다. 왼쪽의 나이 든 사람이 플라톤이고, 오른쪽의 젊은 사람이 아리스토텔레스입니다. 그리고 플라톤 옆쪽으로 머리가 시원하고 뭔가 열변을 토하고 있는 사람이 소크라테스입니다.

본격적으로 아리스토텔레스의 철학을 살펴보기 전에 세 사람의 관계에 대해서 말씀드리겠습니다. 소크라테스의 제자가 플라톤이고, 플라톤의 제자가 아리스토텔레스입니다. 그림을 보면 플라톤은 오른손으로 하늘을 가리키고 있는데, 이상주의를 반영하는 것입니다. 아리스토텔레스의 손은 땅을 향하고 있어 현실주의를 반영한다고 합니다. 두 사람은 스승과 제자 사이이므로 계승하고 극복하는 겁니다.

인물 탐구

소크라테스
Socrates

기원전 470~399
고대 그리스 철학자

소크라테스의 아이러니(산파술)
귀납법과 문답법을 통해 일반적인 진리에
도달할 수 있음을 주장

아리스토텔레스의
목적론적 윤리설

플라톤
Platon

기원전 427~347
고대 그리스 철학자
아카데미아를 세우고 교육을 함
객관적 관념론, 이데아설 주장

주요 저서
『소크라테스의 변명』, 『향연』, 『국가』

아리스토텔레스
Aristoteles

기원전 384~322, 고대 그리스 철학자
플라톤의 학교(아카데미아)에서 수학, 알렉
산드로스의 스승
물리학, 형이상학, 시, 생물학, 동물학, 논리
학, 수사학, 정치, 윤리학 등 다방면의 주제
로 저술 활동

그러면 둘 사이에 공통점과 차이점이 있지 않겠습니까?

소크라테스, 플라톤, 아리스토텔레스, 이 세 사람은 기본적으로
그리스 철학에서 소피스트와 논쟁을 벌이면서 철학의 한 축을 세웠
습니다. 이중 샌델의 『정의란 무엇인가』에서 가장 중요하게 언급되는

철학자는 말할 것도 없이 아리스토텔레스입니다. 샌델의 주장은 아리스토텔레스에서 시작되는 것입니다. 플라톤과 아리스토텔레스는 공통점이 있을 것 아닙니까? 그리고 차이점도 있을 것이고요. 지금부터 그 얘기를 해보겠습니다.

아리스토텔레스를 보고 나서 샌델의 공동체주의에 대해서 알아볼 텐데요, 사실 그냥 아리스토텔레스라고 이해해도 무방합니다. 그래서 아리스토텔레스를 이해하고 나면 샌델을 읽는 게 수월해집니다. 고대 그리스 철학이 소크라테스, 플라톤, 아리스토텔레스로 이어지는데, 특히 플라톤에 이르면 확실해지는 것이 '목적'입니다. 그리스어로는 텔로스telos라고 합니다. 『정의란 무엇인가』에도 텔로스라는 말이 나오는데, 한마디로 '목적론적 존재론'이라고 보면 됩니다.

'목적론적 존재론'이란 이 세상의 모든 물질은 목적을 가지고 태어났다고 보는 견해입니다. 모든 사물은 목적을 가지고 있다고 여기는 것이 전형적인 목적론적 사고입니다. 혹은 목적론적 존재론이라고 하고요. 여러분, 분필은 왜 태어났습니까? 칠판에 글씨를 쓰기 위해서 태어난 거죠? 이게 목적론적 사고입니다. 간단합니다. 녹차는 왜 태어났습니까? 녹차 잎 우려내려고 생겨난 겁니다. 휴대전화는요? 다른 사람과 언제 어디서나 통화하기 위해서죠. 이게 목적론적 사고인데, 고대 그리스에서 처음 등장했습니다.

왜 '목적론적 존재론'이 등장할까요? 이 때문에 우리나라의 많은
좌파 지식인들이 샌델 철학을 비판합니다만, 기본적으로 고대 그리
스 시대에는 세상을 어떻게 바라보았습니까? 우리가 길을 가다 돼지
를 봅니다. 돼지는 왜 태어났을까요? 인간에게 맛있는 단백질과 지방
을 공급하기 위해서. 이렇게 생각하는 사람이 지금도 있겠지만 옛날
에는 더 많지 않았겠습니까? 해는 왜 존재하죠? 따뜻한 햇살을 제공
해주기 위해서죠. 달은 나의 고독한 시름을 달래주기 위해서고요. 이
게 정상적인 사고방식 아니겠습니까? 세계를 바라보는 관점이죠. 코
는 왜 생겨났습니까? 이건 정확하게 설명할 수 있죠. 코는 숨 쉬려고
만들어졌습니다. 눈은 보기 위해서 만들어졌죠? 모두 나름의 목적을
가지고 태어난 겁니다. 이는 왜 태어났습니까? 음식물을 씹기 위해
태어났습니다.

유기체적 관점으로 바라볼 때 사회의 각 부분은 존재하는 목적
이 있습니다. 이것이 목적론적 존재론입니다. 그래서 목적론적 존재
론은 바로 유기체적 사고에서 등장한 것입니다. 모든 것을 유기체적으
로 바라보면 당연히 목적이 존재합니다. 위는 왜 생겨났습니까? 음식
물을 소화하기 위해서. 조금 더 가볼까요? 어떤 위가 좋은 위입니까?

음식물을 잘 소화하는 위가 좋은 위고, 소화시키지 못하면 그 위는 문제가 있는 겁니다. 이게 바로 기본적인 목적론적 전통입니다.

　이처럼 고대 그리스에서는 세상을 하나의 유기체로 바라보게 되었습니다. 『정의란 무엇인가』에서는 곰돌이 푸우를 예로 들었습니다. 곰돌이 푸우가 벌집을 보게 되었어요. 저 벌집은 왜 있을까? 푸우가 제일 좋아하는 게 꿀이죠. 그래서 푸우는 나에게 꿀을 제공하기 위해서 만들어진 것이라고 생각합니다. 그런데 세상을 유기체로 바라보는 시각이 더 확장됩니다. 사회도 하나의 유기체로 바라보는 겁니다. 이런 사고가 본격적으로 자리를 잡는 겁니다. 결국 샌델이 말하고 싶은 건 간단합니다. 세상, 세상 중에서도 나눠보면, 세상을 자연이란 말로 바꿀 수 있겠죠. 물론 세상 안에 자연이 있고, 사회가 있겠지만 자연만을 세계라고 놓을 수도 있겠죠? 지금은 자연을 유기체로 바라보는 게 거의 드문 일이지만 고대 그리스에서는 모든 것을 유기체로 보았습니다. 쉽게 말하면 자연도 유기체이고, 사회도 유기체입니다. 자연에 존재하는 모든 것은 목적이 있다고 바라보는 겁니다. 나무는 왜 태어났습니까? 태양을 향해 뻗기 위하여. 오동나무는 왜 태어났습니까? 딸 시집갈 때 장 만들어주려고. 이런 식으로 자연을 유기체로 생각했습니다. 플라톤과 아리스토텔레스의 철학도 여기에서 출발합니다.

샌델이 하고 싶은 얘기는 간단합니다. 지금은 이런 식으로 사고하는 사람이 없지만, 여전히 유효하지 않겠느냐는 것입니다. 그래서 목적론적 존재론의 관점에서 사회를 바라보자는 게 샌델의 기본적인 생각입니다.

이제 본격적인 고대 그리스 철학으로 들어가보겠습니다. 아리스토텔레스를 이해하기 위해서는 스승인 플라톤을 먼저 이해해야 합니다. 플라톤은 사회를 유기체로 바라보았습니다. 플라톤은 이를 어떻게 표현하는가 하면, 세계를 2개로 나눕니다. 하나는 우리가 발 딛고 있는 현실 세계입니다. 플라톤은 이원론자입니다. 다른 하나는 궁극적이고 아름답고 영원한 세계, 즉 이데아Idea입니다. 이건 쉽게 이해하면 됩니다. 예를 들어 캐나다에 가고 싶은 학생이 있습니다. 그 학생은 캐나다에서 CEO가 되고 싶어합니다. 캐나다 가서 CEO가 되고 싶은 게 이데아입니다. 하지만 현실에서는 최저 임금을 받으면서 아르바이트하고 있습니다. 이게 현실입니다. 현실은 초라하고 각박하고 힘듭니다.

이데아는 궁극적이고 영원하고 아름다운 곳이죠? 반면 현실은 여러분이 경험하는 세계입니다. 캐나다에 가서 CEO가 되고 싶습니다. 그런데 캐나다에 가본 적이 없습니다. 그러면 이건 머릿속으로만

상상하는 이성의 세계입니다. 플라톤은 기본적으로 경험보다 이성을 중시했습니다. 자, 그러면 캐나다에 가고 싶은 학생뿐만이 아니라 세상도 현실 세계가 있고, 이데아가 있겠죠? 이때 플라톤이 중요하게 생각하는 것은 무엇입니까? 말할 것도 없이 이데아가 중요합니다. 그러면 우리는 현실의 세계에서 어디로 가야 할까요? 이데아의 세계로 가야죠. 현실 사회에서 이데아의 사회로 가야 합니다.

이데아의 사회로 가려면 어떻게 해야겠습니까? 플라톤은 사회를 유기체로 바라본다고 했습니다. 사회를 사람의 몸에 비유했어요. 몸은 무엇으로 구성되어 있습니까? 제일 중요한 머리가 있고, 가슴이 있고, 배가 있습니다. 유기체적인 사고를 가졌으니까 사회의 구성 요소를 각 신체기관에 비유할 수 있겠죠. 계급이나 계층, 어떤 단어를 써도 상관없습니다. 그러면 머리는 뭐가 되겠습니까? 통치 계급입니다. 가슴은 전사 계급, 배는 생산 계급입니다. 머리는 왜 태어났습니까? 생각하기 위해서겠죠. 다르게 말하면 생각이 어때야 좋은 겁니까? 지혜로워야죠. 머리는 지혜로운 생각을 하려고 태어난 겁니다. 이것이 바로 플라톤이 말하는 미덕입니다.

그리스어에서 '미덕'이란 단어가 정말 어렵습니다. 이걸 위해서 덕 개념이 나오게 됩니다. 플라톤에서도 제일 중요한 개념이 '4주덕四主

플라톤 '정의'	개인	4주덕	사회 계급
	머리	이성-지혜	통치 계급
	가슴	기개-용기	전사 계급
	배	욕망-절제	생산 계급

德'입니다. 아리스토텔레스가 제일 중요하게 여긴 개념은 '중용의 덕'이
고요. '중용의 덕'은 뒤에서 설명하겠습니다.

　여기에서 말하는 덕은 그리스어로 '아레테arete'입니다. 그런데 아
레테라고 하면 우리가 사용하는 '덕'의 의미와는 다르기 때문에 헷갈
립니다. 우리가 어떤 사람을 보고 덕이 있다고 말할 때는 선하다는 가
치가 들어갑니다. 선하고 좋고 훌륭하다는 뜻이 포함되는데, 서양도
이런 뜻이 있기는 하지만 조금 다릅니다. 동양의 '덕'에는 도덕적 개념
이 포함되어 있습니다. 덕이 있는 사람이라고 하면 도덕적으로 훌륭
하다는 의미가 있습니다. 그런데 서양은 그렇지 않습니다. 덕을 영어
로 번역하면 'excellent'입니다. '탁월하다'는 뜻이죠. 예를 들어 요리
사가 있는데, arete하다(덕이 있다)고 하면 최고의 요리사라는 뜻입니
다. 그런데 최고의 요리사가 도덕적으로 뛰어나다는 의미는 아니지 않
습니까? 이 때문에 'arete'를 덕이라고 번역하면 우리는 이해하기가 어
려울 수밖에 없습니다. 다른 마땅한 번역어를 찾기도 어렵습니다. 그
렇다고 '탁월성'으로 번역하자니 딱 들어맞지 않고요.

다시 플라톤으로 가면, 머리의 덕은 뭐냐는 겁니다. 이 개념을 이해해야 합니다. 머리는 사고하기 위해서 태어났죠? 그런데 사고에는 나쁜 사고도 있고, 좋은 사고도 있습니다. 요리도 마찬가지 아닙니까? 요리사가 왜 생겨났습니까? 요리하기 위해서입니다. 요리 못하는 사람도 있고, 잘하는 사람도 있죠. 그걸 판단해보시는 겁니다. 요리를 아주 잘하면 최고의 셰프가 될 겁니다. 거꾸로 머리도 분명히 유기체입니다. 목적론적 사고에 따르면 머리가 존재하는 이유는 사고하기 위해서입니다. 그러면 이상주의자인 플라톤이 봤을 때 사고의 가장 아름다운 덕은 뭐냐는 겁니다. 옛날에는 심장에 뭐가 있어야 한다고 생각했습니까? 용기가 있어야 한다고 생각했습니다. 배의 가장 아름다운 덕은 뭐겠어요? 절제죠. 요즘은 고민이 뭐예요? 다이어트죠. 왜 생겼습니까? 음식을 보면 절제하지 못하고 먹기 때문입니다. 배는 왜 태어났습니까? 음식을 소화시키기 위해서 태어났습니다. 소화의 가장 아름다운 덕은 뭐냐 이거죠. 절제의 덕이라는 겁니다.

그래서 플라톤은 머리는 지혜롭고, 가슴은 용기가 있고, 배는 절제할 때 비로소 최고의 덕인 정의의 덕을 가지게 된다고 보았습니다. 머리가 존재하는 목적은 생각하는 것입니다. 최고의 탁월성은 정의라는 거죠. 가슴이 존재하는 이유도 용기입니다. 배가 존재하는 이유는 절제입니다. 이걸 다 갖추었을 때 그 사람은 비로소 정의의 덕을 갖추었다고 볼 수 있습니다. 이렇게 정의, 지혜, 용기, 절제의 네 가지 덕이 바로 플라톤의 '4주덕'입니다.

사람은 4주덕을 갖출 때 비로소 현실에서 이데아로 갈 수 있다고 플라톤은 말했습니다. 4주덕을 갖춘 인간이 초인이고 철인입니다. 가장 이상적인 인간입니다. 이런 플라톤의 사상을 초인정치론, 철인정치론이라고 합니다. 플라톤이 엘리트주의자라고 비판받는 이유입니다. 한 사람이 저 모든 것을 다 갖추어야 하기 때문입니다. 하나라도 갖추지 못하면 안 됩니다.

『정의란 무엇인가』에서는 플라톤을 다루지 않지만, 아리스토텔레스를 이해하려면 먼저 플라톤을 알아야 합니다. 이게 기본이에요. 플라톤은 사회를 유기체로 바라봤습니다. 그러면 통치 계급의 미덕은 뭐가 되겠습니까? 통치 계급은 머리에 해당합니다. 머리의 미덕은 지혜의 덕입니다. 통치 계급은 지혜의 덕을 발휘하고, 전사 계급은 적과의 싸움에서 용기의 덕을 발휘하고, 생산 계급은 절제의 덕을 발휘할 때, 정의로운 사회가 된다고 보는 겁니다.

그러면 이 덕의 기준은 무엇일까요? 매우 이상적인 덕이라고 했습니다. 현실에서 실현하기 어려운 덕이죠. 오죽하면 이걸 갖춘 사람을 초인이라고 하겠습니까? 인간을 뛰어넘은 사람이라는 거죠. 그러니까 '이데아'적이라는 겁니다. 플라톤에 대해서는 이야기할 것이 많지만 우리의 목표는 플라톤이 아니잖아요? 플라톤의 철학은 너무나 방대하기 때문에 여기서 다 다룰 수는 없습니다. 유명한 분석철학자 화이트헤드Alfred North Whitehead, 1861~1947가 서양 철학은 플라톤으로부터 시작해서 플라톤에 대한 주석으로 끝난다는 유명한 말을 남겼습니다. 그만큼 방대하다는 뜻입니다.

정리하면, 플라톤은 '4주덕'이고 목적론적 존재론이라고 보면 됩니다. 사회를 유기체로 바라보는 겁니다. 통치 계급은 지혜의 덕을 발휘해야 한다고 플라톤이 주장했는데, 여기에서 나오는 것이 노블레스 오블리주입니다. 플라톤은 통치 계급은 재산을 소유하지 말아야 한다고 했습니다. 돈이나 재산을 밝혀서는 안 된다고 본 거죠. 사유재산을 부정한 최초의 철학자가 바로 플라톤인 셈이죠. 이 때문에 플라톤을 공산주의의 원류라고 말하는 사람도 있습니다. 이처럼 어떻게 보느냐에 따라 굉장히 보수적일 수도 있고 진보적일 수도 있는 철학자가 플라톤입니다.

반대로 플라톤이 볼 때 제일 나쁜 건 뭐가 되겠습니까? 간단합니다. 통치 계급이 절제하는 겁니다. 더 나쁜 건 생산 계급이 용기를 발휘하고, 전사 계급이 지혜로운 거죠. 그러면 나라가 망하는 겁니다. 백성은 지혜로우면 안 됩니다. 백성은 글을 알면 안 되죠. 세종대왕이 한글을 창제하니까 최만리가 상소를 올립니다. "전하, 백성들이 글을 알면 법을 알 것이고, 법을 알면 사회는 혼란스러워질 겁니다." 이렇게 나오는 겁니다. 백성은 지혜로워서는 안 된다는 겁니다. 당연히 진보주의자들은 플라톤을 보수주의자로 볼 수밖에 없습니다.

플라톤의 생각을 현대 사회로 옮겨보겠습니다. 사장이 있고, 노동자가 있습니다. 사장은 경영을 해야 하고 노동자는 일해야 합니다. 노동자가 경영에 참여하겠대요. 플라톤의 입장에서는 그러면 안 되는 겁니다. 노동자가 존재하는 목적은 무엇입니까? 일하기 위해서 존재하는 것입니다. 노동자의 미덕은 열심히 일하고 절제하는 것인데, 다른 미덕을 추구하겠다는 것은 본분을 벗어난 일이죠. 목적에서 벗어난 미덕을 추구하는 것은 잘못이라고 플라톤은 말하겠죠. 플라톤이 제일 싫어하는 게 부조화입니다. 이게 제일 나쁜 겁니다. 그래서 『정의란 무엇인가』를 읽으면서 "야, 목적론적 존재론을 얘기하네? 이거 완전 보수 꼴통 아니야?"라며 샌델을 비판하는 겁니다. "이거 언제 적 이야기를 하는 거야?" 하고 흥분하는 겁니다. 이런 비판이나 논쟁을 떠나서 저는 이 책에 A+까지는 아니더라도 A를 주지 않을 수가 없습니다. 교수법이 탁월하기 때문입니다. 책으로 읽어도 이렇게 재미있는데, 강의는 더 재미있습니다. 정말 훌륭한 강의 아닙니까? 우리나라 대학교에서는 사실 보기 드문 명강의입니다.

여러분은 목적론적 존재론이라는 걸 기억하시면 됩니다.

정의라는 건 목적론에 근거한다는 겁니다. 이게 아리스토텔레스의 첫 번째라고 샌델이 소개합니다. 샌델의 공동체주의의 원류는 아리스토텔레스입니다. 두 번째 정의는 영광을 안겨주는 것입니다. 통치계급은 뭐하기 위해서 태어났습니까? 사고하기 위해서 태어났습니다. 사고의 최고 영광은 무엇입니까? 바로 지혜입니다. 그래서 통치 계급이 가장 지혜로울 때 가장 정의롭다고 하는 것입니다.

예를 들어보겠습니다. 스트라디바리우스라는 명품 바이올린이 있습니다. 바이올린 하나에 수억 원씩 한답니다. 누가 이 바이올린을 가져야 할까요? 먼저 공리주의자는 누구한테 주겠습니까? 이 악기를 사용함으로써 가장 많은 사람에게 쾌락을 줄 수 있는 사람에게 줄 것입니다. 자유주의자라면 가장 실력 있는 사람에게 줄 것입니다. 롤스는 어떻게 할까요? 최소 수혜자에게 최대 혜택이 돌아갈 수 있도록 하면 됩니다. 마르크스는 당연히 가장 필요한 사람에게 주어야 한다고 주장하겠죠. 그런데 다 애매하잖아요? 가장 필요한 사람이 가진다? 가장 필요한 사람이 누구인지 어떻게 정합니까? 모든 사람이 다 조금 이상하다고 생각하겠죠?

그런데 플라톤은 명확한 답을 제시합니다. 어떻게 되겠습니까? 바이올린은 왜 태어났습니까? 연주되기 위해 태어났습니다. 연주를 잘하는 사람도 있고, 못 하는 사람도 있는데, 플라톤이라면 가장 탁월하게 연주할 수 있는 사람이 바이올린을 가져야 한다고 주장할 것입니다. 가장 탁월하게 연주할 때 바이올린은 자기의 목적을 실현할 수 있고, 이것이 가장 영광스러운 것이기 때문입니다.

누가 스트라디바리우스를 가져야 할까요? A는 바이올린을 어렸을 때부터 갖고 싶어했고, 바이올린이 진짜 필요합니다. B는 돈이 진짜 많고, C는 스트라디바리우스 같은 명품이 아니더라도 바이올린만 있으면 신나게 연주해서 많은 사람을 기쁘게 해줄 수 있어요. 이러면 뭐라고 반박하겠습니까? 왜 하필 스트라디바리우스라는 거죠. 예를 들어 공리주의자에 대해서는 이런 비판이 가능할 겁니다. 굳이 이 좋은 걸 주어야 합니까? 아마 일반 바이올린도 C한테 주어야 하고, 스트라디바리우스도 C한테 주어야 한다고 할 겁니다. 그런데 대다수의 사람들은 스트라디바리우스를 C한테 주면 안 된다고 생각할 겁니다. 일반 바이올린이 있고, 명품 바이올린이 있으면 우리는 보통 이 두 바이올린을 연주하는 사람은 다르다고 생각합니다.

하지만 공리주의자는 그렇게 생각하지 않습니다. 명품이건 아니건 가장 대중적인 연주를 하는 사람에게 주어야겠죠. 우리가 생각할 때 일반 바이올린은 대중적이니까 대중적인 음악가에게 주면 되고, 스트라디바리우스는 그래도 명품이니까 세계에서 제일 실력 있는 사람한테 주어야 할 것 같잖아요? 하지만 공리주의는 이것을 설명하지 못합니다. 그렇지 않습니까? 자유주의자는 더 설명하지 못하죠? 가장 돈이 많은 사람한테 주어야 하잖아요? 롤스는 누구한테 줄지 정말 어렵습니다. 누가 있는지 모르는 상태, 무지의 베일 상태에서 최소수혜자에게 가장 많은 기여를 할 수 있는 사람에게 주자, 이게 말이 통합니까? 마르크스는 가장 필요한 사람에게 주자고 하는데, 그게 누군지 어떻게 판단합니까?

그래서 샌델이 예를 들었습니다. 일반 바이올린은 누구한테 주면 되겠습니까? 일반 바이올린은 연주하는 데 그 목적이 있습니다. 여기서 말하는 연주는 세상에서 가장 아름다운 소리를 내라는 건 아니죠? 그 바이올린을 왜 만들었습니까? 연주를 통해서 많은 사람에게 기쁨을 주라고 만들었습니다. 그러면 그럴 수 있는 사람에게 주면 됩니다.

아리스토텔레스의
목적론적 윤리설

〈아테네 학당〉의 아리스토텔레스 부분

그런데 스트라디바리우스는 장인이 한 땀 한 땀, 집안 대대로 내려오는 비기를 총동원해서 만들었습니다. 최고의 소리를 통해 최고의 연주를 하기 위해 만들었습니다. 그러면 이 바이올린은 단순히 최대 다수에게 쾌락을 줄 수 있는 사람에게 주어서는 안 되는 겁니다. 이 바이올린을 가장 잘 연주할 수 있는 사람에게 주어야 목적에 맞는 겁니다. 얼마나 호소력 있습니까? 샌델의 생각은 바로 이겁니다. 그래서 정의는 목적론에 근거해야 하고, 정의는 영광을 안겨주어야 한다, 이게 바로 샌델의 기본적인 생각입니다.

이제 다음 단계로 가보겠습니다. 그렇다면 왜 샌델은 플라톤이 아니라 아리스토텔레스일까요? 플라톤과 아리스토텔레스는 스승과 제자 사이였습니다. 플라톤은 아리스토텔레스를 무척 아꼈다고 합니다. 아리스토텔레스는 아카데미아 학생이었습니다. 아카데미아는 플라톤이 만든 학교입니다. 누가 보더라도 아리스토텔레스가 플라톤을 계승할 가장 뛰어난 제자였고, 플라톤도 그런 생각에서 아리스토텔레스를 아꼈던 것 같습니다. 그런데 플라톤은 나중에 아리스토텔레스를 후계자로 임명하지 않았습니다. 이 때문에 사이가 나빠졌다는 말도 있습니다. 아리스토텔레스는 나중에 스스로 학교를 세웁니다. 이제부터 본격적으로 샌델의 아리스토텔레스를 소개하겠습니다.

유럽 지도가 있습니다. 발칸 반도에 아테네가 있고, 스파르타가 있었습니다. 플라톤은 아테네 사람입니다. 페르시아가 그리스로 쳐들어오자 아테네와 스파르타가 동맹을 맺습니다. 펠로폰네소스 동맹을 맺어서 페르시아를 물리칩니다. 바다에서 크게 페르시아를 물리친 게 살라미스 해전이고, 육지에서 대승을 거둔 것이 마라톤 전투입니다. 이와 함께 그리스의 전성기가 시작됩니다. 페리클레스_{Perikles, 기원전 495~?429}가 살던 기원전 5세기에 그리스는 전성기를 맞이합니다. 그런데 페르시아를 이기고 나서 아테네와 스파르타의 동맹이 깨지고 둘은 서로 으르렁거리며 싸웁니다. 그 유명한 펠로폰네소스 전쟁에서 스파르타가 아테네를 꺾고 이깁니다. 그런데 둘이 피 터지게 싸우다 보니

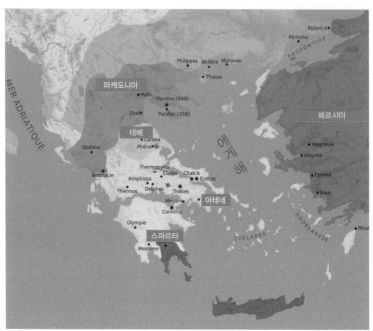

유럽 지도

둘 다 국력이 쇠퇴하게 됩니다. 이때 새로 떠오르는 도시국가가 테베
입니다.

발칸 반도 북쪽에는 유목민들이 살고 있었습니다. 바로 마케도
니아입니다. 마케도니아에 애꾸눈 왕이 있었습니다. 바로 필리포스 2
세Philippos II, 기원전 382~336입니다. 필리포스 2세가 보니까 그리스가 예전
같지 않은 거죠. 그래서 그리스를 치고 자기가 왕위에 오릅니다. 필리

포스 2세의 주치의가 있었습니다. 니코마코스란 사람입니다. 그리고 필리포스 2세의 아들이 있습니다. 그 유명한 알렉산드로스Alexandros the Great, 기원전 356~323, 우리에게는 알렉산더 대왕으로 더 잘 알려진 사람입니다. 필리포스 2세가 보니까 니코마코스의 아들이 정말 똑똑한 겁니다. 그래서 그 아들을 불러서 알렉산드로스를 가르치게 하는데, 그가 바로 아리스토텔레스입니다. 아리스토텔레스가 알렉산드로스의 스승인 거죠. 그리고 아리스토텔레스의 아들이 있는데, 할아버지랑 이름이 똑같습니다. 니코마코스. 니코마코스가 나중에 아리스토텔레스에 대한 윤리학 책을 쓰는데, 그 책이 바로 『니코마코스 윤리학』입니다. 윤리학의 출발점이 되는 책입니다.

여기서 중요한 건 아리스토텔레스가 마케도니아 출신이라는 겁니다. 플라톤은 아테네 출신이니까 정통이고, 아리스토텔레스는 변방 출신입니다. 중국으로 치면 본토가 아테네이고 마케도니아는 흉노족 정도라고 보면 됩니다. 그런데 본토가 오랑캐의 식민지가 된 겁니다. 아테네는 뭐가 되겠습니까? 플라톤, 이상주의잖아요. 마케도니아는 그런 것과는 거리가 멀죠. 현실주의자가 되는 겁니다. 현실은 어떻습니까? 아테네의 이상은 마케도니아에 의해 꺾였습니다. 그래서 플라톤이 하늘(이데아)을 가리키는 이상주의자였다면 아리스토텔레스는 땅을 가리키는 현실주의자가 되는 겁니다. 남자랑 여자가 스킨십 같

아리스토텔레스의
목적론적 윤리설

은 것 없이 정신적으로 나누는 순수한 사랑을 플라토닉 러브라고 하 잖아요. 이건 이상에 가깝죠. 현실에서는 이러기가 쉽습니까? 아리스 토텔레스 러브라는 말은 없잖아요.

플라톤은 세계를 2개로 나누었습니다. 현실 세계와 이상 세계(이 데아). 이것을 이원론이라고 하고, 플라톤을 이데아를 추구하는 이상 주의자라고 합니다. 플라톤이 내세웠던 덕은 4주덕이 됩니다. 그런데 아리스토텔레스가 그것을 뒤집는 겁니다. 이원론의 반대는 뭐겠습니 까? 일원론이죠. 이상주의의 반대는 현실주의이고. 4주덕을 뒤집는 것이 바로 중간에 있자는 거죠. 중용의 덕이라고 합니다. 이원론은 뭡 니까? 세계를 현실과 이상이 대립하는 것으로 보는 사고 아닙니까? 현실은 치사하고 비겁하고 악랄한 것인 반면, 이상은 궁극적으로 영 원하고 아름다운 곳이라는. 그런데 아리스토텔레스는 가운데 서자는 겁니다.

중용의 덕에는 어떤 게 있겠습니까? 플라톤하고 똑같을 수 있습 니다. 지혜도 중용의 덕이고, 용기도 중용의 덕이고, 절제도 중용의 덕입니다. 그런데 오히려 중용의 덕이 더 많습니다. 플라톤은 지혜를 뭐라고 했습니까? 사고의 궁극적이고 이상적인 것이 지혜라고 했습니 다. 가장 궁극적이고 이상적인 건 여러 개 있겠습니까? 하나밖에 없

| 플라톤의
현실 세계 | 아리스토텔레스
중용의 덕 | 플라톤의
이상 세계
(이데아) |

습니다. 세상에 가장 아름다운 미인이 여러 명입니까? 한 명밖에 없습니다. 아리스토텔레스는 그게 아니라는 겁니다. 사고의 가장 궁극적인 미덕이 지혜라는 건 동의할 수 있는데, 지혜가 궁극적이고 영원한 것이고 시대와 공간을 초월하여 하나밖에 존재하지 않는다고 보는 게 플라톤입니다. 쉽게 말하면 플라톤은 세상에서 가장 아름다운 여사는 한 명밖에 없다는 겁니다. 모나리자 하나다, 이런 식입니다. 그런데 아리스토텔레스는 그렇지 않다고 봅니다. 모나리자가 미인일 수는 있지만, 그렇지 않을 수도 있다는 겁니다.

유명한 이야기인데, 왜 모나리자의 미소가 아름답지 않을 수도 있을까요? 젊고 멋진 남자가 있었습니다. 사랑하는 여자가 있었습니다. 이름이 모나리자예요. 그런데 남자가 젊어서 죽었습니다. 모나리자는 상주가 됩니다. 상갓집에 사람들이 조문을 오는데 모나리자의 미소를 짓고 있습니다. 가장 아름다운 미소인가요? 어울리나요? 어울리지 않습니다. 이게 아리스토텔레스의 덕 개념인데, 플라톤과 다릅니다.

그러면 아리스토텔레스가 말하는 지혜는 어떤 걸까요? 궁극적으로 영원하고 세상에 하나밖에 없는 것이 아니라 중간이래요. 무엇의 중간일까요? 아무것도 모르는 백치와 세상에 모르는 것이 하나도 없는 완지完知, 이 중간이 지혜입니다. 용기는 어떻겠습니까? 제가 여자친구가 생겼습니다. 엄청나게 예뻐요. 문근영이에요. 문근영이랑 사귀게 됐습니다. 얼마나 행복합니까? 그런데 같이 길을 가다가 격투기 선수 밥 샙을 만났습니다. 저는 어떻게 해야겠습니까? 도망가요? 그러면 비겁하죠? 맞서 싸웁니까? 그건 가당키나 합니까? 밥 샙한테 꿀밤만 맞아도 전 죽을 거예요. 맞서 싸우는 건 만용이나 다름없죠. 그러니까 용기는 비겁과 만용의 중간입니다. 여자친구를 꼭 끌어안고 온몸으로 버티는 겁니다. 사람들이 올 때까지. 이게 진정한 용기입니다. 절제는 뭐가 되겠습니까? 궁핍과 사치의 중간이 절제입니다. 이게 아리스토텔레스의 생각입니다.

그러니까 플라톤이 말한 것처럼 궁극적이고 영원하고 시대와 상황을 초월하는 것이 아니라는 겁니다. 용기는 아까 말씀드렸지만 밥 샙이 나타나면 여자친구를 끌어안고 지켜야겠죠? 그런데 여덟 살짜리 꼬마가 와서 "근영이 누나 내놔" 하면 용기 있게 가서 꿀밤을 때려야죠. 얻어맞는 게 아니라. 이해하시겠습니까? 이처럼 시대와 상황에 따라서 용기의 덕은 바뀌게 됩니다. 그게 진정한 용기라는 겁니다. 모나리자의 미소가 플라톤이 생각할 때는 궁극적이고 영원하고 완벽한 이데아의 미소일 수 있지만, 아리스토텔레스는 그렇지 않을 수도 있다고 봅니다. 시대와 상황에 따라 달라질 수 있다는 겁니다.

군대가 있습니다. 플라톤이라면 전투를 잘해야 하겠죠? 군대가 생긴 목적이 잘 싸우라는 것 아니겠습니까? 그런데 아리스토텔레스라면 다르게 볼 수도 있습니다. 평화 시에는 전투를 잘하는 군대가 필요한 게 아니잖아요. 전쟁을 예방할 수 있는 군대가 필요한 거지. 이게 아리스토텔레스가 말하는 현실적인 덕입니다. 절제도 꼭 숫자를 말하는 게 아닙니다. 0원 있으면 궁핍이고 1000억 있으면 사치라고 하면, 500억 있으면 절제인가요? 그런 건 아닙니다.

다시 용기와 관련해서 보겠습니다. 아리스토텔레스의 생각이 왜 멋진지를 알 수 있습니다. 아리스토텔레스는 변방, 시골 출신의 귀염둥이고 보수주의자이고 일방적이었던 사람입니다. 그런데 도대체 왜 아리스토텔레스를 학문의 아버지라고 하겠습니까? 이유가 있을 겁니다. 제가 밥 샙을 만나서 문근영을 꼭 끌어안았죠? 여자친구를 지켜야 하니까요. 용기를 계속 발휘하는 겁니다. 상대가 여덟 살짜리 꼬마라면 어떻게 하겠습니까? 그때는 잘 타일러서 보내야겠죠? "너는 아직 이성에 눈뜰 나이가 아니야" 하고 타일러야 합니다. 그다음에 나랑 힘이 비슷한 놈을 만나면 용감하게 맞서 싸우기도 해야 합니다. 이렇게 한 번만 하면 되겠습니까? 안 되죠? 반복해야 합니다. 그래서 아리스토텔레스를 보면 반복이 나오는 겁니다. 아리스토텔레스의 중용의 덕은 한 번 가지고는 안 됩니다. 반복하다 보면 저절로 상황에 맞게 되는 겁니다. 밥 샙이 나오면 끌어안고 지키고, 효노르가 나오면 또 끌어안고 지켰습니다. 그러다 최홍만이 나왔어요. 이번에는 저절로 끌어안지 않겠습니까? 반복을 통해 완전히 습관이 되어 덕이 내면에 자리 잡을 때, 저는 비로소 행복한 인간이 된다는 겁니다. 아리스토텔레스가 볼 때 인간은 행복해지기 위해 태어난 존재거든요. 이게 아리스토텔레스의 목적론적 존재론입니다.

『정의란 무엇인가』를 읽을 때에도 어렵게 생각할 필요가 없습니다. 사실 샌델이 진짜 하고 싶은 말은 맨 뒤에 나옵니다. 고대 그리스의 플라톤 이후, 세상을 유기체로 바라보는 것이 전통이 되었다는 겁니다. 세상에 있는 모든 것은 다 목적을 가진다는 목적론적 존재론으로 바라보았다는 겁니다. 그런데 지금은 자연물이 목적이 있다는 건 받아들이지 않지만, 사회가 목적을 가진다는 건 받아들여야 한다는 게 샌델의 주장입니다.

아리스토텔레스에서 받아들여야 하는 것은 이미 플라톤 때부터 합의됐던 겁니다. 플라톤은 사회를 사람의 몸에 비유했습니다. 머리는 사고하기 위해 태어났고, 사고의 최고의 탁월성 혹은 덕은 지혜로 보았습니다. 그리고 이것이 궁극적이고 영원하고 아름다운 것이라고 했습니다. 지배 계급은 지혜로워야 한다고 했는데, 이 말은 곧 생산 계급은 지혜로우면 안 된다는 것으로 해석되었기 때문에 보수주의 철학으로 간주됩니다.

그런데 플라톤의 4주덕론과 같은 사고가 동양에도 있습니다. 공자의 정명론正名論이 그것입니다. 왕은 왕답고 신하는 신하답고 백성은 백성다워야 한다는 논리입니다. 아리스토텔레스도 기본적으로 이런 생각을 가졌지만, 그럼에도 그가 플라톤을 뛰어넘은 것은 이 덕은 시대와 장소에 따라서 바뀔 수 있다고 보았기 때문입니다.

결론적으로 샌델의 이야기는 이렇습니다. 시대나 장소에 따라 목적은 바뀔 수 있잖아요? 그러면 이 목적을 서로 민주적인 대화와 토론을 통해서 찾아낼 수 있다고 믿었습니다. 결국 아리스토텔레스를 이해하면 샌델을 좀더 쉽게 이해할 수 있습니다.

5장

샌델,
공동체주의란 무엇인가

마이클 샌델 미리 보기

종교의 자유는 어디까지 허용되어야 할까?

사이비 종교를 믿는 것도 보장되어야 하는가?

투견이 쾌락을 준다면 그냥 둬도 되는가?

쾌락이 모든 선택의 기준이 될 수 있을까?

권리나 쾌락보다 우선되어야 할 것은 선이다

쾌락과 다수결의 원칙이 선을 보장할 수는 없다

쾌락과 권리보다
사회적 선,
공동체주의

지금까지 마이클 샌델의 『정의란 무엇인가』를 이해하기 위한 몇 가지 대전제를 설명했습니다. 공리주의를 살펴보았고, 칸트도 공부했습니다. 존 롤스와 아리스토텔레스도 들여다보았습니다. 아울러 자유주의와 사회주의도 조금씩 살펴보았습니다.

샌델을 이해하는 데 제일 중요한 것은 자유주의자라는 표현입니다. 샌델이 말하는 자유주의자는 우리가 생각하는 자유주의자와 다릅니다. 우리가 생각하는 자유주의자는 어떤 사람들입니까? 보수주의와 반대되는 개념으로 자유주의라는 말을 쓸 수도 있습니다. 그런데 샌델이 말하는 자유주의는 보수나 진보의 개념이 아니라 개인주의의 개념과 상당히 유사합니다. 여기에는 기본적으로 세 가지 부류가

마이클 샌델
Michael J. Sandel

1953~ . 미국 미네소타 출생
미국 브랜다이스 대학교 졸업
영국 옥스퍼드벨리올 대학 박사
하버드 대학교 교수

주요 저서
『자유주의와 정의의 한계』(1982), 『정의란
무엇인가』(2009), 『돈으로 살 수 없는 것들』
(2012)

포함될 수 있습니다.

첫 번째, 샌델이 말하는 자유지상주의자는 완벽한 자유방임주
의자입니다. 내가 무슨 생각을 하건 간섭하지 말라는 것입니다. 이 자
유방임주의자는 넓게 보면 공리주의자 중에서 밀 같은 사람이 들어
갈 수 있습니다. 타인위해의 법칙이죠. 다른 사람에게 해를 끼치지 않
는 한 나는 무슨 일이든 자유롭게 할 수 있는 권리가 있다는 거죠. 최
근의 신자유주의자, 다시 말해 자유를 최고의 지상적 질서로 여기는
사람들이 여기에 포함될 수 있습니다. 샌델은 다르게 표현해서 능력
주의자라고 불렀습니다. 자유지상주의자란 기본적으로 능력에 따른
배분을 주장하는 사람이라고 말하고 싶은 것입니다.

샌델은 이 자유주의자에 롤스와 칸트를 포함시킵니다. 칸트와 롤스, 자유지상주의자들을 자유주의자라고 하는 겁니다. 샌델은 정의라는 것은 이 사람들의 논리로 이루어져서는 안 된다는 겁니다. 여기에 한 축이 더 들어가는데, 바로 공리주의입니다. 그래서 샌델의 비판의 축은 공리주의에 대한 비판과 자유주의에 대한 비판으로 나눌 수 있습니다. 그리고 이것을 비판하는 틀이 바로 샌델의 공동체주의입니다. 이 공동체주의에 영향을 준 것이 아리스토텔레스입니다. 이 틀을 살펴본 후 사례를 들어 설명하겠습니다. 이 때문에 아리스토텔레스를 기본으로 하는 공동체주의라는 비판이 나오게 됩니다.

예를 들면 일본의 과거사 문제가 있습니다. 자유지상주의자나 칸트, 롤스에게 일본 과거사에 대해서 일본 국민에게 책임을 물을 수 있느냐고 물으면, 그들은 책임이 없다고 대답할 것입니다. 왜냐하면 현재 일본 사람들 가운데 식민 통치 시절 우리를 괴롭혔던 사람이 몇 명이나 있습니까? "그건 우리 조상이 한 거지, 나하고는 상관없어." 이렇게 말할 수 있다는 겁니다. 왜 그렇습니까? 도덕적 판단 근거의 주체는 개인이기 때문입니다. 따라서 자유지상주의자나 칸트, 롤스 다 동의할 수밖에 없다는 겁니다.

칸트를 볼까요? 칸트는 정언명령이죠. 정언명령인지 가언명령인지 알 수 있는 건 딱 한 사람, 자기 자신밖에 없다고 했습니다. 칸트는 도덕의 주체는 개인이라고 보았습니다. 조상이 한 일을 가지고 나를 판단하는 근거로 삼아서는 안 되는 겁니다. 롤스도 마찬가지입니다. 각 개인이 상대방이 누구인지 모르는 상태에서 맺는 계약이 정의로운 것 아니겠습니까? 그럼 우리 조상이 누구인지, 무슨 일을 했는지는 상관이 없는 겁니다. 자유지상주의자도 마찬가지입니다.

그래서 이들을 비판하면서 나오는 말이 공동체주의입니다. 자유지상주의자나 칸트, 롤스를 기본적으로 개인주의자로 보는 것입니다. 자기들은 자유주의자라고 하는데, 사실은 개인주의자라는 겁니다. 개인주의자들은 도덕의 주체를 개인으로 보기 때문에 궁극적으로 진정한 정의를 판별하는 기준이 될 수 없다는 겁니다.

여러분에게 묻겠습니다. 일본이 과거사 반성해야 합니까, 안 해도 됩니까? 해야 한다고 생각하죠. 사실 어떻게 보면 웃기지 않습니까? 독일은 과거사 반성을 했습니다. 왜 했습니까? 양심적 지식인들이 과거사를 반성한 것 아닙니까? 과거사 범죄는 누가 저질렀습니까? 히틀러, 극우주의자들이 저질렀습니다. 공포정치를 하고 전체주의를 옹호하던 사람들이 저지른 잘못을 왜 양심적 지식인들이 반성합니까? 자유지상주의자나 칸트, 롤스는 여기에 동의할 수 없다는 겁니

쾌락과 권리보다 사회적 선,
공동체주의

다. 그래서 이런 개인주의적인 내용으로는 올바른 정의를 세울 수 없다는 겁니다. 왜 그러느냐? 종교를 생각해보겠습니다. 그리고 종교의 자유를 생각해보죠. 종교의 자유는 어디까지 보장되어야 할까요?

샌델을 이해하기 위해서는 이게 제일 좋은 예라고 생각합니다. 종교의 자유는 무한히 보장되어야 된다, 이렇게 보지 않겠습니까? 남에게 해를 끼치지 않는 한. 이게 개인주의자이고 기본적으로 자유주의자라고 생각하는 겁니다. 그러면 이 사람들은 종교의 자유에서 가장 중요한 것은 종교를 선택할 권리라고 생각하는 겁니다. 선택은 누가 하나요? 개인이 선택합니다. 이게 자유주의자라는 겁니다. 종교를 선택할 권리가 가장 중요하다는 거죠. 대한민국 헌법에도 모든 국민의 종교의 자유를 보장하고 있습니다.

그러면 사이비 종교를 선택할 수 있는 권리는요? 제가 이렇게 물으면 답을 할 수 없다는 겁니다. 사이비 종교를 선택할 권리에 대해 칸트의 정언명법에 따라 생각해보겠습니다. 부모님에게 효도하는 것이 나의 최고의 목표이자 의무입니다. 그런데 아버지가 유언을 남겼습니다. "너는 사람 다 죽여교를 믿어라." 저는 아버지의 말에 순종하는 것이 자식의 도리이자 의무라고 여기고 사람 다 죽여교를 믿고, 교리를 실천하기 위해서 사람을 다 죽이고 있습니다. 극단적인 예를 들기는 했지만 정의로울 수 있다는 겁니다. 롤스도 마찬가지죠. 사람들이 모여서 계약을 맺지 않습니까? 어떤 종교를 믿을 것인가? 롤스의 견해는 공리주의를 뛰어넘을 수 있습니다.

이제 권리라는 개념이 나옵니다. 그런데 이 권리가 우선되어서는 안 된다는 겁니다. 칸트는 선택할 권리가 가장 중요하다는 거잖아요. 롤스도 무지의 베일 상태에서 합의했다면 종교를 마음대로 선택할 권리가 있다고 하는 겁니다. 자유지상주의자들은 말할 것도 없이 종교를 선택할 권리가 제일 중요하지 않습니까? 그렇다면 사이비 종교를 선택할 권리도 보장해야 합니까? 자살교를 믿었어요. 남에게 위해를 끼치지는 않죠? 음란생각교를 믿었어요. 음란한 생각을 속으로 할 뿐이지 행동으로 옮기지는 않습니다. 교리에 하루 종일 음란한 생각을 하고, 남에게 음란한 행위를 하지 말며, 강요해서도 안 된다고 나와 있습니다. 그러면 사회에 위해를 끼치지는 않잖아요. 하지만 그런 종교를 선택할 권리가 있다고 생각하는 사람은 없습니다.

그러면 샌델은 권리보다 더 우선해야 된다고 생각한 것이 무엇입니까? 바로 선이 우선해야 된다고 생각했습니다. 선이 바로 덕입니다. 아리스토텔레스가 말한 덕입니다. 종교가 왜 생겼는지, 종교는 우리 사회에서 어떤 목적을 갖는지 생각하라는 겁니다. 그게 바로 선이라는 겁니다. 그런데 음란생각교는 종교의 목적에 부합하지 않습니다. 그럴 때는 권리보다 반드시 선이 우선되어야 하고, 이게 정의롭다는 게 샌델의 생각입니다.

그래서 어떻게 표현하느냐면, 기존의 자유주의자들은 권리를 선보다 우선했다는 겁니다. 개인의 권리가 먼저라는 겁니다. 내가 어떤 종교를 선택하건 그것이 남에게 해를 끼치지 않으면 말리지 말라는 거죠. 내가 정언명령을 따랐건 무지의 베일 상태에서 계약을 맺었건 사람은 누구나 종교의 자유를 가진다, 이게 제일 중요한 권리라는 겁니다. 자유지상주의자, 사회계약적 합의를 맺었습니다. 칸트, 정언명언에 따랐습니다. 그럼 그 권리가 우선한다는 거죠. 하지만 샌델은 그래서는 안 된다고 주장합니다. 이건 개인의 권리이기 때문입니다.

샌델의 생각은 권리보다 선이 우선되어야 한다는 것이고, 이 선을 다르게 표현하면 도덕적 덕입니다. 도덕적 덕은 그것이 만들어진 존재 이유가 있습니다. 이 존재 이유라는 건 아리스토텔레스적 방식에 의해 결정되어야 한다는 것이 공동체주의적 사고방식입니다.

물론 권리보다 선을 더 중요하게 여기는 사람들이 있습니다. 바로 공리주의자입니다. 그들은 개인이 선택할 종교의 자유보다 가급적 많은 사람에게 쾌락을 주는 것이 중요하다고 말할 수 있습니다. 그런데 샌델은 공리주의자를 두 가지 면에서 비판합니다. 예를 들어 종교의 자유를 보장하는 어떤 나라에서 95퍼센트가 기독교를 믿고 5퍼센트가 불교를 믿고 있습니다. 그래서 가급적 많은 사람에게 쾌락과 행복을 주기 위해서 불교를 못 믿게 하면 공리주의 원칙에는 맞지만 올바를 수는 없다는 겁니다. 이건 자유주의자의 접근 방식과 다릅니다. 자유주의자가 들으면 뭐라고 하겠습니까? "무슨 소리야? 모든 사람은 종교를 선택할 자유가 있어" 하는데, 공동체주의자가 비판하는 건 이 틀이 아닙니다. 그렇게 하는 것이 가급적 많은 사람에게 쾌락과 행복을 줄 수 있을지는 모르지만 종교의 본질적인 목적에는 맞지 않다는 거죠. 인간 본성에 적합한 것이 아니라고 하는 겁니다. 다수에 의해 소수가 억압받아서는 안 되는 거잖아요.

공리주의를 반박하는 두 번째 이유는 쾌락이 유일한 목적이 아니라는 겁니다. 샌델이 뭐라고 합니까? 투견장에서 싸움을 구경하는 사람들은 얼마나 많은 쾌락을 느끼겠습니까? 하지만 투견을 발전시켜야 한다고 외치는 사람은 없습니다. 그들은 사회적 쾌락의 공리가 모든 사회에 적합한 본질은 아니라고 비판합니다.

샌델은 공리주의도 비판하고 자유주의도 비판하면서 공동체주의를 만들어야 한다고 주장합니다. 그래서 이 공동체주의가 결국 권리보다 사회적 선을 먼저 고려해야 한다면, 그 사회적 선의 기준은 무엇이냐는 질문이 제기됩니다. 그런데 권리는 누구의 권리입니까? 개인의 권리입니다. 어떻게 보면 우리는 프랑스 혁명 이후에 개인의 권리를 더 우선시해오지 않았습니까? 그런데 그것을 부정할 수 있기 때문에 샌델을 보수적이라고 평가하기도 합니다.

샌델에 따르면, 개인의 권리를 주장한 것이 자유지상주의, 롤스, 칸트입니다. 그런데 이런 개인의 권리보다 선을 우선하는 사고방식을 따라야 한다는 겁니다. 선을 중시하는 사고방식의 대표주자가 공리주의인데, 공리주의도 올바른 선은 아니라는 것이 샌델의 생각입니다. 공리주의는 쾌락주의이고, 다수결의 원칙을 중시하기 때문입니다. 다시 말해 쾌락이나 다수결이 선을 보장해줄 수 없다고 샌델은 말합니다. 결국 도덕적 선을 우선해야 한다는 것인데, 이 주장의 뿌리를 거슬러 올라가면 아리스토텔레스를 만나게 되는 거죠. 이게 샌델의 커다란 주제라고 할 수 있습니다. 이렇게 정리를 해두면 샌델을 훨씬 쉽게 읽게 될 것입니다.

다른 예로, 기여 입학제를 보겠습니다. 자유지상주의자는 기여 입학제를 어떻게 보겠습니까? 찬성할 겁니다. 능력이 있으면 기여 입학해도 된다는 거죠. 롤스는 뭐라고 하겠습니까? 반대할 겁니다. 기여 입학을 할 수 없는 소수자들은 억울할 수 있기 때문입니다. 무지의 베일 상태라면 이런 계약은 안 맺을 거라고 할 겁니다. 칸트는 정언명령에 따라 기여 입학을 반대할 겁니다. 한 사람을 기여 입학시켜 그 돈으로 다른 사람에게 혜택을 주자는 제도이므로, 사람을 수단으로 여긴 것 아닙니까?

그런데 샌델은 찬성이건 반대건 다를 게 없다고 말합니다. 이렇게 사고하면 안 된다고 주장합니다. 앞의 의견은 기본적으로 판단의 근거를 무엇으로 바라본 것입니까? 개인의 권리 문제로 바라본 것입니다. 어떤 개인이 기여 입학을 할 권리가 있느냐, 없느냐의 문제로 바라보았기 때문에 잘못됐다는 겁니다. 샌델의 주장에 따르면 개인의 권리보다 선이 우선되어야 하지 않습니까? 선은 다르게 표현하면 미덕이고, 이것이 진정한 도덕이라는 겁니다. 이 도덕은 개인에 의해서 주어집니까? 아니죠. 개인이 속한 시대와 환경에 의해 주어집니다. 이게 아리스토텔레스가 말하는 공동체입니다. 모나리자의 미소가 아름다울 수도 있고, 아닐 수도 있습니다. 중용의 미소일 수도 있고, 아닐 수도 있습니다. 어떤 상황, 어떤 시대냐에 따라서, 또 어떤 공동체에 속하느냐에 따라 그 공동체의 선을 민주적 방식에 의해서 찾아내자는 겁니다. 우리는 이성을 가진 사람이기 때문에 토론과 합의를 통해

쾌락과 권리보다 사회적 선,
공동체주의

서 찾아낼 수 있다는 것입니다.

아리스토텔레스의 대명제는 무엇입니까? '인간은 이성적 존재다' 입니다. 이성적 인간이 민주적 방식으로 토론과 합의를 하면 그 시대에 주어진 공동체의 최고선을 찾아낼 수 있다는 겁니다. 그리고 대학을 왜 만들었을까 생각하자는 거죠. 그 본질적 선에 부합한다면 기여 입학제는 허용할 수도 있고, 아닐 수도 있다는 게 샌델의 생각입니다.

기여 입학제를 허용하는 사람들이 또 있습니다. 누구죠? 공리주의자입니다. 개인의 권리보다 사회적 선을 우선하는 사람들이잖아요. 가급적 많은 사람에게 쾌락과 행복을 줄 수 있는가의 측면에서 고려하는 겁니다. 이런 측면에서는 공리주의와 같지만 그건 아니라는 겁니다. 공리주의자에게 그 기준은 쾌락이기 때문입니다. 쾌락을 얻는다고 해서 전부 마리화나를 나누어줍니까? 소주 두 병씩 나누어주나요? 그런 건 아니지 않습니까?

마찬가지로 샌델은 다수결의 원칙에도 반대합니다. 소수 의견이 무시되기 때문입니다. 샌델이 말하는 선은 쾌락과 다수결에 의해 결정될 수 없습니다. 공동체의 본질적인 목적에 의해 부여되는 것이고, 그 공동체는 시대나 상황에 의해 규정되며, 도덕을 실행하는 민주적 방식에서 선을 이루어내자는 게 샌델입니다.

　여기까지가 샌델의 사고인데, 제 생각을 정리하면 두 가지입니다. 샌델의 사고가 훌륭한데, 다른 생경한 비판을 떠나서 저는 이런 질문을 하고 싶습니다. 목적론적 존재론의 취약점이 뭐냐면, 우리 몸을 생각하잖아요? 눈은 왜 태어났죠? 보려고. 코는 왜 태어났습니까? 냄새 맡으려고. 입은 왜 태어났어요? 먹으려고. 목은? 팔은? 다 존재하는 목적이 있습니다. 그러면 어느 게 없어져야 합니까? 없어져야 할 게 없죠. 샌델은 기본적으로 보수주의자입니다. 보수주의자는 자칫하면 기존의 사회질서를 인정하고 출발한다는 한계가 있습니다. 이게 가장 큰 문제라고 저는 생각합니다.

　무슨 말인지 계급제를 통해서 보겠습니다. 샌델의 사고에 따르면 계급 제도도 존재하는 목적이 있습니다. 그 본질적인 목적이 뭐냐는 겁니다. 아리스토텔레스는 노예제를 옹호했습니다. 그 시대에는 노예제를 당연하게 생각하지 않았겠습니까? 지금은 그렇지 않잖아요? 목적론적 사고에서는 계급제도 정당화될 수가 있습니다. 물론 샌델은 이성과 토론, 합의 같은 말들을 붙였습니다만 그래도 목적론적 사고는 기본적으로 기존 사회질서를 정당화하고 거기에서 출발하게 됩니다.

우리 사회에서는 군대 논쟁이 벌어집니다. 대체복무제를 예로 들어보겠습니다. 입대를 거부하고 대체하는 것 아닙니까? 대체복무제를 어떻게 바라보아야 할까요? 샌델은 뭐라고 하겠습니까? 군대가 만들어진 목적을 생각하겠죠. 또 군대의 궁극적인 선이 무엇인가를 고민할 겁니다. 그런데 제가 볼 때 샌델이 진보적인 측면도 있어서 대체복무제를 반대하지는 않을 것 같습니다. 군대는 나라를 지키기 위해 존재하는 것인데, 그런 궁극적인 면이 더 이상적으로 발현되고, 나라를 더 잘 지키고, 시대 상황에 맞다면 대체복무제를 허용할 수 있다고 저는 생각합니다. 그리고 샌델은 동성 결혼도 반대하지 않습니다. 이유가 다를 뿐이죠.

그럼에도 불구하고 샌델의 사고방식에서는 군대 자체가 왜 존재해야 하는지, 결혼 제도가 정말 궁극적인 것인지에 대해서 취약한 답변을 제시할 수밖에 없습니다. 기본적으로 그런 점에서는 보수적인 면이 있지 않나 하는 생각이 듭니다.

두 번째, 이 사람이 틀리고 이 사람이 틀리고 이 사람도 틀리고, 이 사람만 맞고 하는 게 어디 있습니까? 어떤 일에는 공리주의적 견지가 맞고, 다른 일에는 칸트적 견지가 맞는 것 아니겠습니까? 어떤 점에서는 샌델의 생각이 맞고. 그래서 저는 하나의 정답만 있는 것은 아니라고 생각합니다.

생각해보세요. 원전이 터졌는데 한 명만 밀어 넣으면 인류가 다 살 수 있다면, 밀어넣어야죠. 수단으로 삼아야 합니다. 공리주의가 맞는 것 아니겠습니까? 한 사람을 희생시켜서 다른 한 사람을 행복하게 해줄 수 있어요. 그러면 죽이면 안 되잖아요. 사람을 수단으로 쓰면 안 되는 거죠. 여기서는 칸트가 맞는 것 아니겠습니까? 저는 솔직히 지역 특례 입학은 있어야 한다고 생각합니다. 외딴섬에서 자란 학생이 어떻게 서울 강남 학생들과 똑같이 경쟁합니까? 그럴 때는 롤스가 맞지 않나요? 아리스토텔레스라고 틀립니까? 우리가 결혼 제도에 대해서 논할 때, 결혼 제도가 왜 생겼는지 시대와 상황에 따라서 우리 공동체에 얼마나 부합하는지 고민해야 하지 않겠습니까? 다시 말해 어느 쪽이 무조건 맞다기보다는 상황이나 입장에 따라서 변할 수 있다고 생각합니다. 앞에서는 가급적 객관적으로 말씀드리려고 한 거고요, 이 두 가지는 제 개인적인 생각입니다.

우리나라에서 샌델 열풍이 불었을 때, 많은 비판들이 있었습니다. 어떻게 공동체의 선이 개인의 권리보다 앞서느냐는 비판이었습니다. 나치와 다를 바가 없지 않느냐는 겁니다. 그런데 그렇게 따지면 플라톤도 나치주의자입니다. 플라톤은 공동체주의자이지만, 플라톤의

하버드 대학교 '정의' 과목의 강연 현장

사고에서 사회주의자도 나오고, 사회주의와 독재주의도 커다란 영향
을 받았습니다. 그래서 우리는 어느 한 면만 바라볼 것이 아니라 다
양한 입장에서 고민하고 토론하는 것이 중요하다고 생각합니다.

샌델 교수님의 강의실에 앉아 있으면, 마치 수천 년 전 그리
스의 아테네 학당에 있는 듯한 착각이 든다. 교수님은 나에
게 스무 살의 풋내기 하버드대 학생도 위대한 철학자들과
동등하게 토론할 수 있다는 자신감을 주었다.

샌델의 수업을 들은 학생이 한 말입니다. 얼마나 행복하겠습니

까? 우리 사회도 이렇게 되어야 합니다. 저를 지도한 교수님이 스칸디나비아 학회 회장님이신데, 그런 얘기를 하셨습니다. 스웨덴에 가면 스터디 클럽이 100만 개가 있다고 합니다. 동네 사람들이 모여서 스터디 클럽을 만들고, 하나만 가입하는 게 아니라 월요일에는 그리스 철학을 공부하고, 화요일에는 인문학을 공부하는 식입니다. 이것이 스웨덴을 지켜주는 힘이라고 생각합니다.

사실 맞지 않습니까? 전문가라는 말처럼 무서운 말이 어디 있습니까? 'expert'는 라틴어 'artifex'에서 유래했습니다. '숙달된 전문직 일꾼'을 가리키던 말이었습니다. 몸 씻겨주는 전문가, 공사장 흙을 파는 전문가, 즉 노예 신분에 속한 사람들을 말합니다. 그러니까 실제로 전문가는 노예밖에 없는 것 아닙니까? 그런데 세상은 전문가도 필요하지만 통합적인 인간을 더 요구합니다. 시대와 상황이 변하면서 인문학이 새롭게 각광받는 이유도 이 때문이 아닐까요?

'교수님은 나에게 스무 살의 풋내기 하버드대 학생도 위대한 철학자들과 동등하게 토론할 수 있다는 자신감을 주었다.' 얼마나 아름답습니까? 저는 이런 이유만으로도 샌델이 정말 훌륭한 교수라고 생각합니다. 100만 독자를 인문학으로 불러들였다면 정말 훌륭한 저술가라고 생각합니다.

나는 내 학생들이 스스럼없이 질문하고 나의 강의 내용에
도전하고, 궁극적으로 철학자들의 생각에 도전하길 원한
다. 나는 학생들이 철학자들에 대해 수동적인 자세를 취하
지 않았으면 좋겠다. 철학자들이 제아무리 위대하다 해도
우리에겐 그들에게 도전하고 질문할 권리가 있다.

이건 샌델이 한 이야기입니다. 우리와는 너무나 다르지 않습니
까? 질문이 어디 있습니까? 한 사람이 더 가르치죠. 샌델의 말처럼
여러분도 제 이야기가 잘못됐거나 저와 다른 생각을 가지고 있다면
저에게 말씀해주시길 바랍니다. 더 열심히 공부해서 또 한 번 강의하
겠습니다. 마찬가지로 우리가 샌델의 『정의란 무엇인가』를 이해하기
위해 지금까지 이 책을 읽어왔지만 우리도 샌델에게 도전하고 질문할
권리가 있습니다. 이 책의 목적은 샌델의 생각, 제 생각에 동의를 구
하고자 하는 것이 아닙니다. 나는 이 책을 이렇게 읽었고, 다른 사람
들이 이 책을 읽을 때 알아두면 좋겠다고 생각하는 것을 말씀드렸습
니다. 아무쪼록 능동적인 독자가 되기를 당부합니다.

정의로운
세상을 꿈꾸며

지금까지 우리는 샌델의 『정의란 무엇인가』에 나오는 철학과 철학가들에 대해 보았습니다. 그리고 그 내용을 바탕으로 정의에 대한 샌델의 주장도 살펴보았습니다. 그러면 이제 다시 프롤로그에서 드렸던 질문을 드려보겠습니다.

피아노가 있습니다. 이 피아노를 누구에게 주어야 할까요?

1. 경매에 부치자.
2. 다수결로 결정하자.

3. 세상 모든 사람들을 피아노 연주로 기쁘게 해줄 대중연주가

4. 돌아가시기 직전 마지막으로 자식이 들려주는 피아노 연주를 듣는
   게 소원이라는 엄마의 자식

5. 선천적 장애를 딛고 피아노 연주에 몰입하고 있는 소년

6. 세상에서 가장 피아노를 잘 치는 피아니스트

현재의 자본주의 사회에서 피아노는 어디에서 경매가 이루어질까요? 말할 것도 없이 시장에서 이루어질 겁니다. 그런데 시장에 대해서 한번 생각해 봅시다. 고흐의 〈닥터 가세의 초상〉이라는 그림이 있습니다. 이 그림이 1990년 크리스티 뉴욕 경매에 나왔습니다. 일본의 사이토 료헤이라는 사람에게 8250만 달러에 낙찰됐습니다. 그런데 료헤이가 그림을 낙찰 받고 놀라운 발언을 합니다. "내가 죽으면 이 그림을 같이 묻어다오." 이게 경매입니다. 그래서는 안 될 것 같다는 생각이 들지만 할 말이 없죠.

이 이야기를 듣고 경매가 재화를 배분하는 데 있어 올바른 방식이라는 느낌을 받는 분은 없을 겁니다. 저 작품을 죽을 때 무덤에 가져가면 되겠습니까? 그런데 실제로 저 그림은 이후에 딱 한 번 모습을 보여주고 세상에 나타나지 않습니다. 료헤이가 그림을 사고 얼마 지나지 않아서 망합니다. 그래서 그림을 반값에 팔게 되는데 그걸 다

시 사간 사람이 누군지는 몰라요. 그 사람이 아직 한 번도 그림을 공개하지 않았거든요. 그래서 우리는 언제 〈닥터 가셰의 초상〉이라는 고흐의 명작을 볼 수 있을지 알 수가 없습니다.

그럼에도 불구하고 우리가 가지고 있는 기본적인 배분 방식은 시장에 의해서 자원을 배분하는 것입니다. 시장의 장점은 뭘까요? 경매에 부치는 게 위와 같은 일이 발생할 수 있음에도 불구하고 합리화될 수 있는 이유는 뭘까요?

우리는 시장을 다음의 측면에서 생각해보죠. 어떤 사람이 핸드폰을 팔려고 시장에 왔습니다. 파는 사람은 5만 원에 팔려고 하고 사는 사람은 15만 원에 사려고 합니다. 이 거래는 이루어질까요? 이루어지겠죠. 하지만 반대로 파는 사람은 15만 원에 팔려고 하고 사는 사람은 5만 원에 사려고 하면 거래는 안 이루어지겠죠. 파는 사람은 5만 원에 팔려고 하고 사는 사람은 15만 원에 사려고 했으니 두 사람은 7만 원에 거래를 했습니다. 그러면 파는 사람은 2만원 이득을 봤고 사는 사람은 8만 원 이득을 봤습니다. 즉 둘 다 이득을 본 거예요. 여기에 시장의 정당성이 나옵니다. 시장이 정당성을 갖는 이유는 시장에 의해서 매매가 이루어졌기 때문이 아니라, 상호이익이 전제됐기 때문입니다. 상호이익이 전제되어야만 시장은 정의로울 수 있습니다.

정의로운
세상을 꿈꾸며

두 번째, 시장은 효율성을 보장해줍니다. 수요와 공급에 의해서 가격이 결정되기 때문에 시장은 효율성을 보장해줍니다.

마지막 세 번째, 사실은 이게 제일 중요합니다. 앞서 던진 질문에서 공리주의자들은 3번을 택하겠죠. 피아노를 대중연주가에게 주는 것인데, 알고 보니 대중연주가는 매일 놀고 술 마시고 이상한 짓을 하는 사람이에요. 반면에 다른 사람은 대중연주가는 아니지만 이 피아노를 갖고 싶어서 24시간 일을 합니다. 누가 피아노를 가져야 할까요? 일을 열심히 하는 친구가 가져야겠죠. 다 동의하시죠? 왜? 그게 정의롭다고 생각되기 때문이죠. 그러면 시장은 자원을 누구한테 주죠? 열심히 노력한 사람에게 줍니다. 그래서 시장은 자율적 상벌 체계를 가지고 있어요. 게으른 자에게는 벌을 주고, 능력 있는 자에게는 상을 주죠. 이때 시장이 정의로울 수 있는 겁니다.

지금 우리는 자본주의사회에서 살고 있습니다. 그런데 자본주의가 뭐냐고 물어보면 어떻게 대답하실 건가요? "최고! 그냥 완전 좋아!" 이렇게 대답하실래요? 봉건주의와 자본주의는 뭐가 다른 걸까요? 봉건주의는 인간의 인격 자체가 매매되는 거고, 자본주의는 인격은 매매되지 않고 노동이라는 상품만 매매되는 것입니다. 조선시대에는 어땠을까요? 내가 빚을 많이 졌는데 빚을 갚지를 못합니다. 그런데 나한테는 딸이 하나 있습니다. 그러면 나한테 돈을 빌려준 사람은 딸을 데려가려고 하겠죠. 그래도 나는 아무 말도 할 수가 없어요. 인격이 매매될 수 있는 시대니까. 그런데 지금은 어떻습니까? "돈 줘!" "없는데요?" "그럼 딸이라도 일을 시켜!" 딸을 데려가는 게 아니라 일을 시키라는 겁니다. 인격이 매매되는 것이 아니라 노동이 매매되는 사회입니다.

어쨌든 시장이 정당화되기 위해서는 상벌을 줘야 합니다. 능력이 있는 자에게는 상을, 그렇지 못한 자에게는 벌을. 그리고 이것이 시민혁명의 최고 이념이었습니다. 이전에는 그러지 않았습니다. 옛날에는 상벌을 신분으로 줬습니다. 양반의 아들로 태어나면 과거에 급제하고 호의호식하면서 삽니다. 농노의 아들로 태어나면 평생 땅만 파다가 죽습니다. 그게 조선시대예요. 그런데 시민혁명 이후 탄생한 시장경제체제에서는 시장이 상벌을 주관하게 되면서 봉건사회보다 훨씬 더 정의로운 사회를 만들었습니다. 그래서 우리는 감히 시장한테 정의롭다는 표현을 붙였습니다. 그리고 자본주의는 진보적, 진취적이며 시장주의가 정의로운 세상이 됐던 거예요.

그런데 지금은 어떻습니까? 시장이 정의롭다는 생각은 잘 들지 않습니다. 왜 그럴까요? 봉건주의와 다르게 자본주의에서는 인격이 아니라 노동이 매매되는 시대가 됐습니다. 노동이 시장에 의해서 매매되면서 시장이 자원을 배분하고, 시장이 상벌 체계를 봉건주의로부터 뺏어왔습니다. 그리고 그것에 대한 정당성을 아무도 의심하지 않았습니다. 그래서 자본주의는 진취적이라고 했습니다. 그리고 시장의 정의롭다고 했습니다. 그런데 왜 지금은 그렇게 생각을 안 하는 것일까요?

우리가 정의롭다고 생각하는 시장이 어떤 시장인가가 중요합니다. 자원을 배분하고 상벌을 주는 정의로운 시장은 완전경쟁시장입니다. 완전경쟁시장이 되기 위해서는 몇 가지 조건이 필요합니다.

첫째, 무한히 많은 수요자와 공급자가 있을 것.
둘째, 제품의 질은 동질일 것.
셋째, 모든 정보는 공개될 것.
넷째, 시장 참여자는 모두 가격에 순응하는 자일 것.
이 네 가지 조건이 모두 성립되는 시장이 완전경쟁시장입니다.

조금 더 쉽게 설명해보겠습니다. 일단 밖에 나가면 가게라고는 슈퍼마켓밖에 없다고 생각해봅시다. 그리고 슈퍼마켓에서는 토마토주스만 판다고 생각해봅시다. 세상에 물건이라곤 토마토주스 하나밖에 없어요. 그러면 공급이 무한하겠죠. 거기다 사람들은 다 발가벗고 있습니다. 옷도 하나도 안 사 입고 전부 토마토주스만 마셔요. 이게 완전경쟁시장입니다. 완전경쟁시장에서는 토마토주스를 나만 파는 게 아니라 다른 사람들도 다 팝니다. 토마토주스가 1000원인데 그걸 1200원에 팔면 하나도 안 팔릴 겁니다. 그래서 나는 공급자이지만 시장가격에 순응해야 하는 겁니다. 마음대로 가격을 결정할 수가 없습니다. 또 완전경쟁시장에서 파는 토마토주스는 질이 모두 똑같습니다. 그리고 병에는 원료의 종류, 함유량, 성분 등이 다 표시되어 있습니다. 이게 완전경쟁시장입니다. 경제학에서 배우는 모든 이론은 이 완전경쟁시장을 상정하고 나온 것들입니다. 완전경쟁시장은 완전경쟁하기 때문에 효율성을 보장해주며, 완전경쟁시장에서 매매는 두 당사자 모두 자유롭기 때문에 두 당사자에게 이득이 되지 않는 한 거래는 이루어지지 않습니다. 완전경쟁시장에서는 정확하게 자기가 노력한 만큼 보상을 받습니다.

그러면 왜 모든 경제학은 완전경쟁시장을 상정하고 있을까요? 그건 완전경쟁시장이 정의롭기 때문입니다. 완전경쟁시장의 반대는 독점시장, 독과점 등입니다. 독점해도 된다고 배우셨나요? 대부분의 나라에 독과점금지법이 있습니다. 법의 목적은 정의의 실현입니다. 독과점이 정의롭지 못하기 때문에 법으로 금지하는 겁니다. 경쟁금지법이란 건 없지만 독점은 금지합니다. 정의롭지 못하니까. 독점시장은 경쟁이 없어서 효율적이지 못하고 상벌을 못 줍니다. 독점시장은 능력 자에게 상을 주는 것이 아니라 독점자에게 상을 줍니다. 독점시장에서 상호거래는 상호이익을 보장하지 않습니다. 토마토주스를 파는 상 인이 저 혼자인데 여러분이 지금 다 운동을 하고 와서 갈증이 납니 다. 그러면 저는 주스를 원래 가격 1천 원이 아닌 1만 원에 팔 겁니다. 이 거래가 판매자와 구매자 모두에게 이득이라고 이야기할 수 있습니 까? 그래서 우리는 독점시징을 정의롭지 못하다, 부당하다고 하는 겁 니다. 이 말은 거꾸로 완전경쟁시장이 정의롭다는 거예요.

그러면 완전경쟁시장은 정의로운데 지금은 왜 점점 그렇지 않다 고 생각할까요? 모든 경제학자들은 자본주의가 발전하면 시장이 점 차 완전경쟁시장에 가까워질 거라고 생각했습니다. 지금도 모든 주류 경제학자들은 완전경쟁시장을 기본으로 놓고 강의합니다. 그런데 실 제로는 어떻습니까? 정말로 시장이 완전경쟁시장에 가까워졌습니까? 아주 유치하게 예를 들어보겠습니다. 조선시대 최고의 상품은 쌀입니 다. 산업화 시대 최고의 상품은 누가 뭐래도 자동차입니다. 21세기 최 고의 상품은 아이폰입니다. 이 세 상품 중에 완전경쟁에 가장 가까운 상품은 쌀입니다. 옛날에는 대부분이 농민이었습니다. 모두 공급자 인 동시에 수요자였죠. 제품의 질도 비교적 동일했습니다. 쌀에 대한 정보도 다 가지고 있었습니다. 쌀은 함부로 가격을 올릴 수도 없었습니다. 그래서 교과서를 보면 쌀은 완전경쟁시장에 가까운 상품이라고 합니다. 자동차는 과점시장이라고 적혀 있습니다. 몇몇이서 주도하는 시장이라는 거죠. 아이폰은 독점시장입니다. 다른 회사에서 아이폰은 못 만들잖아요. 결국 경제학자들의 예상처럼 시장은 완전경쟁시장으로 발전하는 것이 아니라 그 반대로 가고 있기 때문에 시장, 시장주의를 무조건 효율적이고 정당하고 정의롭다고 할 수 없다는 겁니다.

그래서 우리는 시장에 대한 두 가지 다른 사고방식을 볼 수가 있습니다. 하나는 시장은 근본적으로 악한 거라는 생각을 하는 무리입니다. 그 사람들은 어쩔 수 없이 시장경제체제를 받아들이기는 하지만, 시장이라는 건 빈부격차만 발생시키고 근본적으로는 악한 것이라는 생각을 가진 사람들입니다. 이와 반대로 시장이 최고라고 외치는 사람들이 있습니다. 시장에 의해서 모든 게 이루어져야 한다는 겁니다. 그런데 이 두 가지 모두 대단히 잘못된 사고방식입니다. 그럼에도 실제로 대부분의 사람들이 이 두 가지 사고방식 중 하나를 가질 위험이 있습니다.

그러면 분배를 시장에 맡기는 것이 앞으로도 계속 정의로울 수 있을지에 대한 고민을 해야 합니다. 시장은 대단히 정의로웠습니다.

그리고 정의로울 수 있습니다. 하지만 그 판단에 앞서서 우리는 앞으로 시장이 점점 더 완전경쟁시장에 가까워질 것인가를 고민해야 한다는 겁니다. 다시 말씀드리지만 시장이 정의롭지 않은 것이 아닙니다. 시장은 대단히 정의롭습니다. 단 완전경쟁시장일 경우에만 그렇죠. 그런데 역사적으로 정말 그렇게 가고 있을까요? 적어도 현대 자본주의의 모습은 그렇지 않은 면이 큽니다. 우리나라에서도 마찬가지입니다. 그래서 우리는 시장에만 분배를 맡기기 전에 과연 지금 시장이 점점 완전경쟁시장으로 가고 있는지에 대해서 생각해볼 필요가 있습니다.

지금까지 시장이 완전경쟁시장이면 정의롭다고 말씀드렸습니다. 그러면 앞으로 시장이 완전경쟁시장으로 점점 더 발전하기만 하면 정의로운 세상이 되는 걸까요? 판매자와 수요자 모두 이익을 본다고 합리적이라고 할 수 있을까요? 앞에 핸드폰 판매의 예로 다시 가볼게요. 판매자는 5만 원에 팔려고 나왔고 구매자는 15만 원에 사려고 나왔습니다. 그래서 7만 원에 매매가 됐어요. 그런데 알고 보니까 판매자가 어렸을 때 핸드폰에 대한 트라우마가 있어서 핸드폰을 대단히 싫어합니다. 그래서 누가 보더라도 10만 원이 넘는 가치를 가지고 있는데 자기만 5만 원의 가치라고 판단하고 있는 겁니다. 그래서 결국 7만 원에 매매를 했어요. 합리적인가요? 판매자 입장에서는 대단히 합리적입니다. 그런데 여러분 입장에서는 어떻습니까? 못 받아도 10만 원은 받을 텐데 7만 원만 받았으니 합리적이지 않죠. 그래서 시장이 완전경쟁시장이라 할지라도 합리성의 기준이 모호하다는 겁니다.

몇 년 전에 대기업이 운영하는 대형마트에서 '통큰치킨'을 출시했었습니다. 엄청나게 많은 사람들이 그 치킨을 사 먹었고, 사회적으로도 굉장한 이슈가 됐었습니다. 그때 "대기업에서 치킨 파는 게 뭐 어때?"라고 생각한 사람들도 있었고, "이건 큰일이야"라고 생각한 사람들이 있었습니다. SSMSuper Supermarket이 동네로 파고들어갔을 때 "무슨 상관이야"라고 하는 사람들도 있었습니다. 이 사람들을 무조건 나쁘다고 할 수 있습니까? 이 사람들은 '물건을 싸게 살 소비자의 권리'를 우선시하는 사람들입니다. 이것도 대단히 중요한 권리입니다. 그런데 인간의 합리성이라는 게 물건을 싸게 사는 것에만 있는 건 아닙니다. 제가 '통큰치킨'을 사 먹는다면 소비자의 싸게 살 권리를 누린 행위니까 합리적이라고 할 수 있습니다. 그런데 저는 그렇지 않다고 생각합니다. '통큰치킨'을 사는 순간 저는 앞으로 치킨집 사장이 될 수 있는 기회를 스스로 저버리는 겁니다. 여러분이 스타벅스에서 커피를 마시는 순간 대학교 앞 커피숍, 여럿이 모여서 수다를 떨고 공부도 할 수 있는 작은 커피숍의 사장이 될 수 있는 기회를 스스로 박탈하는 겁니다. 물론 싼 가격에 '통큰치킨'을 먹고, 스타벅스에서 각종 쿠폰과 할인카드를 이용해서 싼 가격에 커피를 마시는 것도 분명

합리적입니다. 하지만 한 번만 더 생각하면 한편으로는 비합리적일 수 있다는 거죠. 나는 치킨집 사장도, 커피숍 사장도 하지 않을 거라서 나와는 상관 없는 문제라고 넘길 문제가 아니라는 겁니다.

치킨을 싸게 먹고 싶다는 생각과, '통큰치킨'을 내가 자꾸 사먹고 다른 사람들도 사먹는다면 우리 아버지도 치킨집 사장인데 망할 수도 있겠구나, 혹은 작은 치킨집들이 다 망하면 결국 나도 치킨집 사장이 될 기회가 없을 수도 있겠구나, 하는 생각, 모두 합리적이지 않습니까? 그러면 인간의 합리성은 어느 것이냐는 거죠. 우리는 어떤 합리성을 중요하게 생각해야 하냐는 겁니다.

인간의 합리성은 두 개로 나뉘어 있습니다. 대자적 합리성과 즉자적 합리성. 케이크가 맛있으니까 먹는 것, '통큰치킨'이 싸니까 먹는 것, 이런 행위는 즉자적 합리성입니다. 1차적인 합리성이라고 할 수 있을 겁니다. 하지만 '통큰치킨'을 먹었다가는 우리 사회가 자영업자가 될 기회를 막을 수 있다고 생각하는 건 대자적 합리성입니다. 그리고 이 두 가지 합리성 사이에 국가가 등장하는 겁니다. 국가가 왜 있어야 하는지를 시장 스스로 고백하는 겁니다. '통큰치킨'이 싸니까 사먹는 것은 즉자적 합리성이고, 그로 인해 우리에게 불리해질 수 있다는 것은 대자적 합리성입니다. 하지만 이 둘 중에 어느 것을 선택하는 것이 더 합리적인가는 개인이 판단할 수 없을지도 모릅니다. 그래서 국가, 정부가 나서서 시장을 대자적 합리성을 가진 기구로 만들어야 한다는 겁니다. 그래서 정부 없는 시장은 결코 완전할 수 없습니다. 제가 말씀드리는 것은 시장주의와 국가주의의 논쟁도 아니고, 국가의 편을 드는 것도 아닙니다. 시장이 진정 시장답기 위해서는 국가 없이는 불가능합니다. 그건 다른 이유가 아니라 인간의 본성에 기인하는 겁니다.

지금까지 시장주의에 대한 이야기를 했습니다. 대단히 광범위한 주제이지만 정의를 이야기할 때 꼭 생각해봐야 하는 것이기 때문에, 정리를 하는 페이지를 빌려 이야기했습니다. 시장주의는 생각보다 정의롭습니다. 하지만 시장이 정의로우려면 완전경쟁시장이어야 하며, 즉자적 합리성뿐 아니라 대자적 합리성을 포함하는 시장일 때에만 비로소 정의로울 수 있다는 것을 말씀드렸습니다. 그래서 우리가 시장을 무조건 배격하거나 추종하는 사고방식은 대단히 위험할 수 있는 겁니다.

피아노의 배분 문제에서 두 번째는 다수결이었습니다. 이건 민주주의의 문제죠. 학교 다닐 때 사회시간에 많이 배우셨을 겁니다. 어떤 재화를 다수결에 부쳤을 때 결론은 쉽게 납니다. 그런데 사실 다수결은 정말 좋은 제도인 것 같습니다. 대통령을 누가 할 것인가, 반장을 누가 할 것인가, 다수결로 뽑아야 하지 않겠습니까? 다수결은 매우 합리적이고 또 오랜 기간 민주주의를 지탱하는 방식이기도 했습니다. 따라서 많은 사람들이 다수결에 의한 결정에 동의합니다.

대한민국은 자유민주주의국가입니다. 자유는 바로 시장입니다. 경매에 부치는 방식이 넓은 의미에서 자유주의입니다. 그래서 우리나라에서는 재화가 바로 시장과 나수결에 의해서 배분됩니다. 그런데 재화에는 투표권과 같은 정치적 재화도 있습니다. 투표권은 민주주의에 의해서 배분됩니다. 모든 사람이 한 표씩을 갖습니다. 그래서 대한민국에서 재화를 분배하는 원칙은 자유주의 혹은 시장주의와 다수결 혹은 민주주의 두 가지 방식입니다. 민주주의는 기본적으로 평등주의를 채택합니다. 대단히 훌륭한 거죠.

그럼에도 불구하고 재화를 분배할 때 다수결은 세 가지 문제에는 적용할 수가 없습니다. 첫 번째는 전문가의 영역입니다. 응급환자에게 심폐소생술을 할 것인가 말 것인가를 다수결로 정할 수 있습니까? 두 번째 인권의 영역도 다수결로 정할 수 없습니다. 사형제, 안락사, 배아복제 등의 문제는 다수결로 정할 수 있는 성질의 것들이 아닙니다. 실제로 프랑스에서는 국민여론조사 결과 사형제도에 찬성하는 국민이 훨씬 더 많았습니다. 그럼에도 불구하고 프랑스 정부는 사형제를 폐지시켰습니다. 사형제와 같은 문제는 다수결로 정해져서는 안 된다는 겁니다. 다수결을 적용할 수 없는 세 번째는 소수자의 영역입니다. 예를 들어서 A프로젝트가 있습니다. 이 프로젝트를 하면 철수, 영호, 영희, 순이, 창호가 모두 100원씩 이득을 봅니다. 그리고 진기만 1000원 손해를 봅니다. A프로젝트를 할지 말지 다수결로 정하면 어떻게 되겠습니까? 당연히 하겠죠. 이득을 보는 사람은 다섯 명인데, 손해를 보는 건 한 명이니까. 이처럼 다수결은 소수자를 보호할 수 없습니다.

다수결은 누구나 정의롭다고 생각합니다. 하지만 전문가의 영역, 인권의 영역, 소수자의 영역에서 다수결은 정의롭지 못할 수도 있습니다. 그래서 정의의 문제, 분배의 문제를 다수결의 원칙에만 맡기는 것도 굉장히 위험한 일입니다.

피아노를 누구에게 줄 것인가에 대한 문제에서 1번 시장주의, 2번 다수결의 문제점을 살펴봤습니다. 이제 여러분도 3번, 4번이 어떤 의견인지 아실 겁니다. 세상 모든 사람들을 피아노 연주로 기쁘게 해줄 대중연주가에게 주자는 3번 의견은 대표적인 공리주의적 사고입니다. 최소의 비용으로 최대의 효과를 내자는 주장이죠. 공리주의의 합리성과 비판에 대해서는 설명을 드렸습니다. 4번은 마르크스와 같은 사회주의자의 의견일 것입니다. 가장 필요한 사람에게 피아노를 주자는 것이죠. 5번은 존 롤스적 사고입니다. 소수자들에게 균등한 기회를 주자, 출발이 공정하다면 과정에서의 불평등은 인정하자는 것이 롤스의 주장입니다. 그리고 6번 피아노를 가장 잘 치는 피아니스트에게 주자는 것은 아리스토텔레스의 목적론적 존재론에 기인하는 답입니다. 피아노가 존재하는 목적을 생각하는 것이죠. 그리고 정의에 대한 샌델의 주장 역시 아리스토텔레스의 주장에 가장 가깝습니다.

지금까지 마이클 샌델의 『정의란 무엇인가』를 통해서 각각의 입장에서 바라본 정의와 그 장단점, 그리고 마이클 샌델이 말하는 공동체주의를 배경과 함께 설명했습니다. 다시 한 번 말씀드리지만 공리주의가 무엇이고 시장은 무엇인지, 칸트, 존 롤스, 아리스토텔레스가 어떤 주장을 펼쳤는지 아는 것도 중요합니다. 하지만 어떤 것도 모든 상황에서 정의로울 수는 없다는 것을 함께 살펴보았습니다.

조건이 동일하다면 좋은 차를 갖는 것은 당연히 가장 노력한 사람의 몫이 되어야 할 것입니다. 시장주의가 개입되어야겠죠. 서울시장은 누가 해야겠습니까? 다수결이 결정할 문제입니다. 교각은 어디에 먼저 건설해야 할까요? 볼 것도 없이 사람이 많이 사는 곳에 건설해야 합니다. 공리주의의 원칙이 적용되어야겠죠. 장애인 주차장은 건물 출입구와 가장 가까운 곳에 설치되는 게 맞습니다. 존 롤스의 주장이죠. 에이즈 치료약은 에이즈에 걸린 사람이 먹어야 합니다. 사회주의죠. 그리고 신데렐라의 구두는 누가 신어야 할까요? 당연히 신데렐라입니다. 아리스토텔레스의 목적론적 존재론입니다.

이렇게 사안에 따라서 어떤 것은 공리주의가 정의로울 수도 있고, 시장주의가 정의로울 수도 있습니다. 그래서 앞으로 여러분은 앞서 나온 어느 하나의 의견을 지지하고 맹목적으로 추종하는 것이 아니라, 시대나 상황에 맞는 방법으로 정의를 생각할 수 있어야 할 것입니다. 합리적으로 생각하고 행동하며 정의롭기 위해서는, 우리가 많이 알고 많이 생각하고 정의로워져야 합니다.

경박단소輕薄短小의 시대입니다.
매순간 손에서 떨어질 새 없는 스마트폰 화면, 업무 중에 바라보는 컴퓨터 화면, 소파에 앉아 멍하니 틀어놓는 TV 화면…… 크기의 차이는 있지만 우리는 네모난 화면을 통해 세상을 바라보고 소통하고 생각합니다. 그 화면들로 인해 세상은 아주 편리해졌습니다.

휴먼큐브 편집부는 고민합니다. 크고 작은 화면에 비춰지는 짧은 글, SNS에 올리는 단문에 익숙해진 사람들이 이제 더는 긴 글이나 생각을 필요로 하는 책을 보지 않는 것은 아닐까? 이런 시대에 사람들은 어떤 책, 어떤 콘텐츠를 필요로 하며, 우리는 어떤 형태의 책과 콘텐츠를 만들어내야 할까?

심플하지만 본질적인 것을 생각합니다.
저희가 생각한 대안은 이렇습니다. 빠르게 생산되고 소비되는 이 시대에 책이 갖고 있는 장점은 유지하되, 책을 가볍고 얇고 작게 만들어보는 것입니다. 읽는 이에게 부담을 주지 않는 책, 한 권에 너무 많은 것을 담으려 하지 않고 본질적인 것을 생각하는 데 도움을 줄 수 있는 책을 만드는 것. 이것이 저희의 목표입니다.

작지만 큰, 가볍지만 무거운 것을 추구합니다.
마이크로북 시리즈를 통해 저희가 추구하는 것은 이렇습니다. 우리가
바쁜 세상을 살아가면서 반드시 알아야 할 것들, 놓치지 말아야 할 것들,
잊어서는 안 되는 것들에 대해 말을 걸고 생각해보고 접근하려 합니다.

이 책들을 통해 우리가 사는 세상이 보다 풍요롭고 살 만한 곳으로
바뀌는 데 미력하나마 일조할 수 있다면, 그것으로 족합니다.

· 최진기의 인문 마이크로북 1_ 정의
2_ 자본

정의 : 세상이 정의로워지면 우리는 행복해질까?

ⓒ 최진기 2015

1판 1쇄 2015년 12월 14일
1판 4쇄 2021년 2월 2일

지은이 최진기
펴낸이 황상욱

기획 황상욱 윤해승 **편집** 윤해승 이은현
디자인 이현정 **마케팅** 최향모 **교정** 오효순
제작 강신은 김동욱 임현식 **제작처** 영신사

펴낸곳 (주)휴먼큐브
출판등록 2015년 7월 24일 제406-2015-000096호
주소 03997 서울시 마포구 월드컵로14길 61 2층

문의전화 02-2039-9462(편집) 02-2039-9463(마케팅) 02-2039-9460(팩스)
전자우편 byvijay@munhak.com
ISBN 979-11-955931-8-7 03100

인스타그램 @humancube_books **페이스북** fb.com/humancube44